La Palabra
El Nombre
La Sangre

Joyce Meyer

Editorial
Desafío

La Palabra, el Nombre, la Sangre por Joyce Meyer
©1999 todos los derechos de esta edición en español reservados
por Asociación Editorial Buena Semilla.

Publicado originalmente en inglés por Harrison House
Publishers bajo el título *The Word, The Name and The
Blood*» by Joyce Meyer, ©1995 Copyright Joyce Meyer

Traducción: *Rogelio Díaz-Díaz*
Diseño de portada: Claudia Ysabel López

Publicado y Distribuido por
Editorial Desafío
Cra.28ªNo.64ª-34
Bogotá, Colombia
Tel.(571)6300100
Email:desafio@editorialbuenasemilla.com
www.editorialdesafio.com

Categoría: Vida Cristiana
ISBN 978-958-737-027-0
Producto No. 496893

Impreso en Colombia
Printed in Colombia

CONTENIDO

Tercera Parte: La Sangre

PREFACIO

Un día, hace muchos años, en forma repentina Dios impresionó mi corazón sobre la necesidad de su pueblo de estar bien informado sobre el poder que hay en su Palabra, en su Nombre y en su Sangre. En mi interior El le dio vida a la idea de producir tres casetes musicales: Uno con canciones acerca de la Palabra; otro con canciones relacionadas con el nombre y un tercero que resaltará la Sangre.

Me mostró cuán importante es para su pueblo atesorar en su corazones cantos y pasajes escriturales que hablen de la Palabra, el Nombre y la Sangre, para estar bien equipados para la guerra espiritual de los últimos tiempos.

Aunque nuestro ministerio es esencialmente de enseñanza y no musical, sabía que Dios me había hablado, por lo que procedimos a realizar la tarea asignada. En consulta y cooperación con nuestro líder de adoración y con otros talentosos músicos y cantantes, grabamos la primera cinta cuyo título fue: "¡Oh, la Sangre!" Cada canción habla de la sangre de Jesús. Poco tiempo después grabamos la segunda cinta titulada "Su Glorioso Nombre" con canciones sobre el Nombre de Jesús. Finalmente vino "La Palabra Viva" con temas musicales relativos a la Palabra de Dios.

Durante la producción de estas cintas musicales, las cuales se encuentran a disposición del Cuerpo de Cristo, a través de nuestro ministerio, el Señor también me sugirió que escribiera un libro sobre estos tres tópicos.

Ofrezco este libro con humildad, porque sé que estos son aspectos preciosos. Le pido al Todopoderoso me conceda su gracia para tratarlos con equidad, al acercarme a ellos con temor y reverencia.

Encontrará estas páginas llenas con referencias de la Santa Escritura... guárdelas en su corazón y estarán allí disponibles cuando las necesite.

INTRODUCCION

Con toda seguridad estamos viviendo en los últimos días, y la Biblia nos enseña que los ataques de Satanás se intensificarán durante estos tiempos peligrosos. ¿Cómo defendernos? ¿Cuáles son nuestras armas defensivas y ofensivas? ¿Cómo podemos protegernos como cristianos, y a nuestros seres queridos durante estos ataques de los últimos tiempos?

Satanás lanza ataques muy personales a nuestro matrimonio, hijos, trabajo y pertenencias. Nuestra mente es también un objetivo favorito, como las emociones y el cuerpo físico. Realmente, la lista es interminable.

El enemigo es un maestro del engaño. Miente, roba y defrauda. (Juan 10:10 y 8:44) Diseña una estrategia y está dispuesto a invertir largos períodos de tiempo para desarrollar su plan.

¿Nos ha dejado Dios indefensos? Tenemos que pasar todo nuestro tiempo en lucha contra el diablo, o podemos realmente disfrutar la vida en el mundo de hoy?

Yo creo que Dios tiene un plan glorioso para su pueblo. Ha establecido en su Palabra que sus hijos sean cabeza y no cola, que estén encima y no debajo. (Deuteronomio 28:13) El se propone obrar por medio nuestro para derrotar al enemigo, y así lo hará. Efesios 3:10 nos da una idea de esta verdad: (El propósito es) que a través de la iglesia, la compleja y multiforme sabiduría de Dios, en toda su infinita variedad e innumerables aspectos, se dé a conocer a las autoridades y gobernantes angélicos (principados y potestades) en el ámbito celestial.

Dios es sabio, él es sabiduría y tiene un plan que restaurará todas las cosas de acuerdo con el propósito original. Va a ejecutar ese plan a través de la iglesia. Derrotará al enemigo mediante su multiforme sabiduría, la cual dará a conocer a los principados y potestades a través de la iglesia.

Cristo es la cabeza de la iglesia y nosotros somos el cuerpo. Igual que en el cuerpo físico estamos para escuchar a la cabeza y obrar de conformidad a ella. Hay muchos aspectos de la guerra espiritual. Mi propósito con este libro no es discutirlos todos, sino enfocar su atención en tres áreas específicas que son de la mayor importancia: La Palabra, el Nombre y la Sangre. Tres armas de defensa y ataque contra el enemigo y todas sus huestes.

PRIMERA PARTE:
LA PALABRA

1

CAMBIADO POR EL PODER DE LA PALABRA

Así que libérense de toda impureza y del desenfreno de la maldad y con espíritu humilde (apacible y modesto) reciban la Palabra, la cual, implantada y arraigada (en sus corazones) tiene poder para salvar sus almas.

Santiago 1:21

Cuando una persona nace de nuevo, la obra de Dios no ha terminado en ella;es apenas el comienzo. Después de su Nuevo Nacimiento, es objeto de un proceso de transformación por parte del Espíritu Santo. Y la herramienta que el Espíritu utiliza en este proceso es la Palabra de Dios.

El espíritu del nuevo creyente ha renacido y es traído de nuevo a la vida; tal persona irá al cielo cuando muera. Ahora necesita ocuparse de su salvación con temor y temblor (Filipenses 2:12 -RVR). En otras palabras, su alma necesita ser salvada. Con frecuencia se define el alma como la mente, la voluntad y las emociones. Cada una de estas áreas necesita salvación. De acuerdo a las escrituras la mente debe ser renovada por la Palabra de Dios.

RENOVACION DE LA MENTE POR LA PALABRA

No se conformen a este mundo (a este tiempo, modelado y adaptado según sus costumbres externas y superficiales) sino sean transformados (cambiados) por la (total) renovación de su mente (por sus nuevos ideales y nuevas actitudes, de tal manera que puedan comprobar (por ustedes mismos) cuál es la buena, aceptable y perfecta voluntad de Dios, lo que (a su vista) es bueno, aceptable y perfecto para ustedes.

Romanos 12:2

Dios tiene un buen plan ya trazado para cada uno de nosotros, pero jamás lo disfrutaremos a menos que renovemos nuestra mente con la Palabra de Dios, que es su pensamiento y sus ideas. Cuando nuestra mente es renovada con su Palabra, entonces pensamos los pensamientos de Dios y no los nuestros.

Cuando la mente es renovada, un área del alma ha sido salvada. El Espíritu Santo obra inexorablemente para formar de manera integral al hombre y a la mujer de acuerdo a la perfecta voluntad de Dios. A este proceso se le llama la santificación o la salvación del alma. Pero el Espíritu Santo obra para renovar, no sólo la mente, sino también la voluntad y las emociones.

LA RENOVACION TRAE LIBERACION

El Señor es Espíritu y donde está el Espíritu del Señor, hay libertad (y emancipación de la esclavitud).

Y todos nosotros, como con rostro descubierto continuamos mirando (en la Palabra de Dios) como en un espejo la gloria del Señor, somos constantemente transfigurados a su misma imagen en un siempre creciente esplendor de gloria en gloria (porque esto proviene) del Señor (quien es) el Espíritu

2 Corintios 3:17-18

En esta escritura vemos que el Espíritu desea liberarnos completamente y que esta libertad es efectuada en la medida en que nos miramos en la Palabra de Dios. Somos transfigurados y cambiamos siempre de un grado a otro de gloria. Este cambio es la obra del Espíritu y su herramienta es la Palabra de Dios.

Ni usted ni yo podemos cambiar y ser transformados de esta manera sin la Palabra. No podemos cambiar con nuestro esfuerzo, solo Dios puede hacerlo. Es el poder de Su Palabra el que transforma. Hay poder en la Palabra de Dios para cambiar y salvar nuestras almas.

Ame la Palabra. Estúdiela y apréndala. Ella es un preciado tesoro y debe ser siempre honrada y respetada. Yo amo entrañablemente la Palabra. Las palabras de Jesús tal como están registradas en Juan 8:31 y 32 son una realidad en mi vida: ... **Si ustedes permanecen en Mi Palabra (guardando mis enseñanzas y viviendo de acuerdo con ellas) serán realmente mis discípulos y conocerán la verdad, y la verdad los hará libres.**

La Palabra es también llamada la Verdad. Yo la he aprendido, estudiando la Palabra a través de los años. El engaño fue develado en mi vida y la verdad me hizo libre.

Por ejemplo yo pensaba que tenía que actuar impecablemente para recibir el amor y la provisión de Dios. Me sentía bien conmigo misma cuando me comportaba bien y me detestaba cuando no ocurría así. La mayor parte del tiempo fallaba en alguna cosa y aún las faltas pequeñas me dejaban con un sentimiento de culpa y de condenación.

Aprendí la verdad cuando aprendí la Palabra de Dios. Descubrí que para ser amada por Dios no tenía que ser perfecta pues Jesús ya había sido hecho el sacrificio perfecto en mi favor. Aprendí a esforzarme y depositar mi fe en Jesús. Que aunque he cometido errores, él conoce mi corazón y sabe que lo amo y quiero hacer todas las cosas rectamente. Sabe también que no puedo ser perfecta debido a la debilidad de la carne. Lo comprende y está siempre dispuesto a perdonarme si yo confío en él.

Con el tiempo, esta Verdad me liberó de la culpa, de la condenación, del auto - rechazo, del odio a mi misma y de las obras de la carne.

Aprendí por experiencia personal que la Verdad, la Palabra de Dios, ¡posee ciertamente el poder de liberar!

SATANAS ODIA Y TEME LA PALABRA

El sembrador siembra la Palabra. Los que cayeron junto al camino son aquellos que tienen la Palabra (sembrada en sus corazones), pero cuando la escuchan viene Satanás en seguida y (por la fuerza) quita el mensaje que se sembró en ellos.

Marcos 4:14, 15

Un creyente que conoce la Verdad está capacitado para derrotar a Satanás. La obra del diablo en la vida del cristiano se basa en el engaño, como resultado de mentiras a las cuales se les da credibilidad. Yo fui engañada en la medida en que creí en el error. Cuando aprendí la Verdad, el engaño fue develado y fui liberada. Satanás detesta y teme la Verdad. Hará cualquier cosa para impedir que aprendamos la Palabra de Dios.

Si realmente escuchamos y estudiamos la Palabra, inmediatamente el diablo tratará de robárnosla. El no desea que arraigue en nuestros corazones y comience a producir fruto en nuestras vidas.

Amados, el enemigo odia y teme la Palabra de Dios. Este conocimiento reforzará nuestra determinación de reconocerla como una prioridad en nuestras vidas.

Si Satanás actúa tan intensamente para alejarnos de ella, debe existir una razón y ésta es sencilla: ¡sabe que es un arma poderosa en su contra que causa su derrota!

Por eso es imperativo que aprendamos a esgrimir la espada espiritual.

LA PALABRA DE DIOS ES LUZ Y VIDA

Porque la Palabra de Dios es viva y poderosa (activa, eficaz, dinámica, y efectiva) más cortante que espada de dos filos, que penetra hasta partir el alma y el Espíritu (inmortal), las coyunturas y los tuétanos (las partes más profundas de nuestra naturaleza), escudriña, examina y juzga los pensamientos y propósitos del corazón.

Hebreos 4:12

La Palabra de Dios es luz que disipa las tinieblas y vida que derrota la muerte. Cuando comenzamos a aprenderla, inicia su labor de separación. Separa la verdad de la mentira y nos permite ver lo que es del Espíritu y del alma, y las acciones que Dios aprueba o rechaza. Ella revela los motivos, pensamientos y palabras que no son rectas.

Juan 1: 4 y 5 nos dice: **En el principio (antes de todos los tiempos) era la Palabra (Cristo) y la Palabra estaba con Dios y la Palabra era Dios mismo. En él estaba la vida, y la vida era la luz de los hombres, y la luz resplandecía sobre las tinieblas, y éstas nunca la pueden vencer (no puede ser absorbida o asimilada porque no se mezcla con ellas)**

La razón por la que Satanás detesta y teme tanto la Palabra de Dios es porque ella es luz, y él solo puede habitar en las tinieblas. Por eso debemos leerla y usarla, porque es un arma espiritual.

2

LA PALABRA COMO ARMA

En conclusión, háganse fuertes en el Señor, (fortaléz-canse permaneciendo unidos a él) tomen de su fuer-za (lo que su ilimitado e infinito poder provee).

Vístanse con toda la armadura de Dios (la recia arma-dura que Dios provée) para que puedan permanecer fir-mes con éxito contra (todas) las estrategias y engaños del demonio.

Porque no luchamos contra carne y sangre (no conten-demos solo con adversarios físicos), sino contra principa-dos, contra potestades, (contra el jefe espiritual de los) gobernadores de las tinieblas, contra fuerzas espirituales de maldad (en el ámbito sobrenatural) en los cielos.

Por lo tanto, tomen toda la armadura de Dios para que puedan resistir en el día malo (de peligro) y habiendo hecho todo (lo que la crisis demanda) permanecer (firmes en su lugar).

Manténganse firmes (en su posición) ceñidos sus lomos con la verdad, protegidos con la coraza de la inte-gridad, de la rectitud moral y de una recta relación con Dios;

Y calzados los pies (para enfrentar al enemigo con estabilidad, presteza y) prontitud y), con el Evangelio de paz.

Cúbranse con el escudo protector de la fe con el cual puedan apagar todos los dardos de fuego del maligno.

Y tomen el yelmo de la salvación y la espada que el Espíritu esgrime, la cual es la Palabra de Dios.

Oren en todo momento, (en todo tiempo y ocasión) en el Espíritu, con toda (clase de) oración y ruego. Manténganse alerta y vigilantes, velando con propósito y perseverancia, intercediendo por todos lo santos (las personas consagradas a Dios)

Efesios 6:10-18

Este pasaje nos enseña sobre la guerra espiritual y la armadura de Dios. En él se nos instruye sobre las diferentes piezas de la armadura, consideradas como protección en la contienda con los principados y las potestades de maldad. Estas son armas defensivas. Se incluye la coraza de justicia, el cinturón de la verdad (el cual es la Palabra, porque la Palabra es la Verdad) el calzado de la paz, el escudo de la fe, el yelmo de la salvación, la oración, y un arma ofensiva: la espada que el Espíritu esgrime, la cual es la Palabra de Dios.

La espada es un arma de ataque. Una espada en su cubierta no tiene ninguna utilidad. Debe ser desenvainada, esgrimida y usada en forma apropiada. **La Palabra de Dios es la espada del creyente, y éste debe aprender a utilizarla correctamente.**

La Biblia Amplificada afirma en Efesios 6:17 que es el Espíritu quien esgrime la espada. ¿Qué significa esto? Creo que significa que el Espíritu Santo en el creyente sabe exactamente cual escritura utilizar en cada situación. Conoce con exactitud qué tipo de ataque enfrentará el creyente, y aún, qué tipo de demonio le causa tormento y destrucción.

Cuando en mi propia vida enfrento retos y problemas, algún pasaje Bíblico o alguna canción con base escritural surge en mi interior. He aprendido a repetirlas, a cantarlas o a meditar en ellas aun cuando no entienda lo que sucede en el ámbito espiritual.

El Espíritu Santo con frecuencia protege a una persona aun antes de percibir el ataque, si ha aprendido a esgrimir la espada del Espíritu. Cuando lo hace, el Espíritu aplica la Escritura pertinente al problema. Por ejemplo: Si está malhumorada e impaciente, los pasajes que hablan de prosperidad no le serán de ayuda, pero sí los que le hablan de amor, ser amable y no ser dominado por las emociones, los cuales le darán la victoria sobre sus sentimientos.

EL INMENSO VALOR DE CONOCER LA ESCRITURA

Porque las armas de nuestra guerra no son físicas (armas de carne y sangre) sino poderosas en Dios para derrotar y destruir fortalezas, para refutar argumentos, teorías y razonamientos y cada cosa orgullosa o altiva que se levanta contra el (verdadero) conocimiento de Dios, y para llevar cada pensamiento y cada propósito cautivos y someterlos a la obediencia de Cristo (el Mesías Ungido).
2 Corintios 10:4-5

La parte de esta escritura que habla del verdadero conocimiento de Dios se refiere a Su Palabra. Ella es la revelación de sí mismo, de sus sendas y de su carácter.

Según las Escrituras, Satanás busca construir fortalezas en nuestra mente. Las mentiras que le hemos creído se convierten en sus fortalezas. Cuando una persona cree que lo malo es bueno, ha caído en el engaño. Satanás obra a través del engaño, pero para el creyente, conocer la Palabra es su defensa y su victoria.

Nadie puede vivir una vida victoriosa si no es un sincero estudiante de la Palabra del Todopoderoso.

LA PALABRA COMO UNA ROCA

Y la Palabra (Cristo) se hizo carne (y estableció su morada) entre nosotros, y (realmente) vimos su gloria (su honor, su majestad) gloria tal que es la que solo el Hijo Unigénito recibe del Padre lleno de gracia (de favor, de benevolencia) y de verdad.

Juan 1:14

Aquí vemos que Jesús es la Palabra hecha carne, quien vino a habitar entre los hombres. En otra parte la Escritura se refiere a Jesús como "La Roca" o una piedra, como en Lucas 20: 17 donde se le llama **"la principal piedra del ángulo" (la piedra angular).**

Los cristianos entonan cantos y expresan afirmaciones en las cuales se refieren a Jesús como su roca. "Jesús es la Roca de nuestra salvación" "La sólida Roca sobre la cual nos afirmamos..." etc.

Dios me reveló a través de la Escritura, acerca de nuestro poder para apedrear y vencer, a nuestros enemigos, los engañosos pensamientos de Satanás, con su misma Palabra: Si Jesús es la Palabra hecha carne, y si él es la Roca, entonces, cada porción de la Palabra es como una piedra, tanto como se le llama piedra a cada fragmento de una roca literal.

Recuerde que David derrotó a Goliat con una piedra lanzada con precisión. En Deuteronomio 13 se le da instrucciones a los Israelitas sobre cómo enfrentar a su enemigo: **No consentirás con él, ni le prestarás oído; ni tu ojo tendrá compasión de él, ni le tendrás misericordia, ni lo encubrirás, sino que lo matarás; tu mano se alzará primero sobre él para matarlo, y después la mano de todo el pueblo. Lo apedrearás hasta que muera, por cuanto procuró apartarte de Jehová tu Dios que te sacó de tierra de Egipto de casa de servidumbre.**

Podemos "apedrear" a nuestros enemigos hasta matarlos si lanzamos la Palabra a Satanás con nuestra boca de acuerdo a lo que dice Deutoronomio 30:14 **Porque la Palabra está muy cerca de ti, en tu boca, en tu mente y en tu corazón ...**

Apréndala y permítale al Espíritu Santo que esgrima en usted la espada del Espíritu. Hable, cante o medite en los pasajes de la Escritura que trae a su corazón.

Generalmente Dios obra en cooperación con el hombre. Somos sus socios. Nos dirá lo que debemos hacer, pero no lo hará por nosotros. El nos enseña, nos capacita, y nos guía, pero en ultima instancia somos nosotros quienes tenemos que dar un paso de fe y seguir sus instrucciones ¡Confíese la Palabra!

Honre y ame la Palabra y haga de ella su tema de oración y conversación diario. Ella es la espada de dos filos, su arma ofensiva con la cual ejerce su defensa. Si la mantiene desenvainada el enemigo lo pensará antes de acercárse.

LA ESPADA DE DOS FILOS

Que los santos se regocijen en la gloria y belleza (que Dios les confiere) para que canten aun sobre sus camas.

Alaben a Dios con sus gargantas y espadas de dos filos en sus manos.

Salmo 149:5-6

El salmista nos pinta en este pasaje un cuadro de la posición que deben tomar los santos con cantos de alabanza y de adoración en sus gargantas y espadas de dos filos en sus manos. El resto del Salmo indica que ésta es la actitud que deben asumir los santos para derrotar a sus enemigos.

LA ESPADA EN LA BOCA DE JESUS

Yo estaba en el Espíritu (extasiado en su poder) en el día del Señor y oí detrás de mí una gran voz como el llamado de una trompeta de guerra.

Diciendo: Yo soy el Alfa y la Omega, el primero y el último, escribe con prontitud en un libro lo que ves (tu visión), y envíalo a las siete iglesias que están en Asia a Efeso, Esmirna, Pérgamo, Tiatira, Sardis Filadelfia y Laodicea.

Luego me di vuelta para ver de quién era la voz que me hablaba y al volverme vi siete candeleros de oro.

Y en medio de los siete candeleros de oro, a Uno semejante al Hijo del Hombre, vestido con un vestido que le llegaba hasta los pies y cinto de oro que le ceñía el pecho.

Su cabeza y sus cabellos eran blancos como lana blanca (como nieve) y sus ojos flameaban como fuego.

Sus pies brillaban como el bronce bruñido, refulgente como refinado en un horno y su voz como el sonido de muchas aguas.

En su mano derecha tenía siete estrellas, y de su boca salía una espada aguda de dos filos, y su rostro era como el sol que brilla en su plenitud al medio día.

Apocalipsis 1:10-16

El cuadro del Cristo victorioso y glorificado presentado en el libro de Apocalipsis, lo muestra con una espada de dos filos que sale de su boca.

HACER LA GUERRA CON LA PALABRA

Entonces vi el cielo abierto y he aquí un caballo blanco (¡apareció!); quien lo montaba se llamaba Fiel (confiable, leal, incorruptible, seguro) y verdadero y juzga y pelea con rectitud (santidad, justicia y probidad).

Sus ojos flameaban como llama de fuego y en su cabeza tenía muchos coronas reales (o diademas), y tenía un título (un nombre) el cual solo él conocía o podía comprender.

Estaba vestido con ropa teñida en sangre y su nombre es La Palabra de Dios.

Y los ejércitos celestiales, vestidos de lino finísimo, blanco y limpio, le seguían en sus caballos blancos.

De su boca sale una espada aguda, con la cual puede castigar (afligir, golpear) a las naciones; y él las pastoreará y las regirá con cetro de hierro. Y pisará el lagar del vino del furor y de la ira e indignación del Dios Omnipotente y Poderoso.

Y en su vestido y en su manto tiene un nombre (o título) escrito; Rey de Reyes y Señor de Señores.

Entonces vi a la bestia y a los gobernadores y líderes de la tierra con sus ejércitos reunidos para hacer guerra contra el que montaba el caballo y contra su ejército.

Y la bestia fue apresada y con ella el falso profeta quien en su presencia había efectuado maravillas y milagros con los cuales había engañó a los que recibieron la marca de la bestia y adoraron su imagen, ambos fueron lanzados vivos dentro de un lago de fuego que arde con azufre.

Y los demás fueron muertos con la espada que salía de la boca del que montaba el caballo y todas las aves comieron con voracidad y se saciaron con sus carnes

Apocalipsis 19:11-16, 19-21

Un cuidadoso examen de este pasaje revela que Jesús hace guerra en los cielos y que la Palabra, el Nombre y la Sangre están presentes y son exaltados, tal como debería ocurrir en nuestra vida cotidiana aquí en la tierra.

3

LA GUERRA ESPIRITUAL A LA MANERA DE DIOS

Como El es, así somos nosotros en este mundo
1 Juan 4:17

Si en la lucha de Cristo en los cielos utiliza y exalta la Palabra, el Nombre y la Sangre, entonces nuestra lucha en la tierra debe ser conducida de la misma manera. Yo creo que la comprensión del valor de estos tres elementos y su utilización por parte de los creyentes –como nunca antes se había hecho– es vital para un cristianismo victorioso en estos últimos tiempos. Debe utilizarlos, depender y confiar en ellos.

Honramos a Dios cuando tenemos fe en su Palabra. Jesús es el Poderoso Guerrero, el Capitán de las Huestes, nuestro Líder que nos lleva a la victoria. Yo no creo que debemos vivir atemorizados en estos últimos tiempos. No importa qué tan difícil pueda ser la vida, Dios ha prometido su provisión para todo lo que necesitemos. El nos asegura que es posible vivir en victoria si mantenemos nuestros ojos en El.

Una forma de mantener nuestra vista en él, es andar en sus caminos y seguir sus instrucciones. La Biblia toda nos exhorta a exaltar la Palabra, el Nombre y la Sangre y a confiar en su poder.

Caminaremos victoriosos si hacemos lo que el Señor nos dice.

PERMANECER Y OBEDECER

El que habita al abrigo del altísimo morará con estabilidad bajo la sombra del Omnipotente (cuyo poder ningún adversario puede resistir).

Salmo 91:1

La lucha espiritual se ha convertido casi en una pesadilla. Hay tantas enseñanzas sobre cómo luchar, que el tema se torna muy confuso, a menos que volvamos a la Escritura para descubrir de nuevo las instrucciones de nuestro Capitán al respecto. Dios nunca complica las cosas. El hombre es quien lo hace. Si su vida es complicada y confusa es porque en algún lugar o momento se extravío de la ruta. La senda que debemos seguir nos lleva a la justicia, a la paz y al gozo. Nunca a la complicación o a la confusión.

Hace varios años llegué al agotamiento en mi intento de luchar contra el diablo. Aprendí muchos "métodos" de lucha espiritual, no obstante, éstos no parecían funcionar. Yo solía decir que había reprendido tanto al diablo que mi "reprendedor" quedaba desgastado, y sin embargo, no tenía victoria en la lucha.

El Espíritu Santo me guió a estudiar la Palabra y a mirar cómo enfrentó Jesús al demonio. ¿Cómo hizo él la guerra espiritual? Descubrí algunas verdades interesantes. Nuestro Señor no gastó su tiempo en hablar del diablo o de sus hechos. Sencillamente habitaba en la presencia de Dios.

La Biblia dice que si habitamos en la presencia de Dios somos protegidos de los ataques del enemigo. El Salmo 91 claramente nos afirma esta verdad. Yo lo animo para que lo lea con frecuencia.

También aprendí que Jesús caminó en obediencia a su Padre. Santiago 4: 7 con frecuencia es citado solo parcialmente: "resistid al diablo y huirá de vosotros". Pero el versículo completo dice **"someteos pues a Dios; resisitid al diablo y huirá de vosotros"** (RVR). Yo utilizaba todos los métodos; estaba muy ocupada en resistir y reprender, pero no me ocupaba en obedecer.

Recibimos poder al habitar en la presencia del Señor. Una de las cosas más importantes para el creyente es aprender a pasar tiempo de calidad con Dios. Al obedecer recibimos poder a través del Espíritu Santo quien es nuestro ayudador.

Yo lo animo a aprender más sobre la guerra espiritual y recuerde siempre que los métodos por sí solos, sin el poder que fluye a través de ellos, no pasan de ser recipientes vacíos.

LA ALABANZA DERROTA AL ENEMIGO

Aunque todo razonamiento humano se había desvanecido en Abraham, él creyó que llegaría a ser padre de muchas naciones como se le había prometido: Así (de numerosa) será tu descendencia.

Y no se debilitó cuando consideró la total impotencia de su propio cuerpo, que estaba ya como muerto, siendo de casi cien años, o la esterilidad de la matriz de Sara.

Ninguna incredulidad o falta de confianza le hizo vacilar o cuestionar la promesa de Dios sino que se fortaleció en fe al dar gloria y alabanza a Dios.

Totalmente satisfecho y seguro de que Dios era poderoso para cumplir su Palabra y hacer lo que había prometido.

Por lo tanto su fe se le acreditó como justicia (o buena relación con Dios).

Romanos 4:18-22

Vemos a Abraham en este pasaje, esperaba que llegara su milagro. El diablo lo asaltaba con duda e incredulidad. Podemos imaginar el estado mental en el que se encontraba, los pensamientos negativos golpeaban su mente y le decían que Dios no cumpliría.

Abraham enfrentó un ataque. ¿Cómo luchó esta guerra espiritual? ¡El dio gloria a Dios y al hacerlo fue fortalecido!

Esto fue precisamente lo que hizo Jesús al encomendarse a Dios. Otra manera como él luchó esta guerra espiritual fue al descansar en Dios y mantener su paz sin importar las circunstancias.

DESCANSAR EN EL SEÑOR

Cuando llegó la noche les dijo: Vamos al otro lado (del lago).

Y dejando la multitud le tomaron con ellos en la barca. Y había otras barcas con él.

Y se levantó una furiosa tormenta de viento (con proporciones de huracán) y las olas golpeaban dentro de la barca de tal manera que se anegaba.

Pero él estaba en la parte posterior del barco durmiendo sobre un cabezal y le despertaron y le dijeron: Maestro ¿No tienes cuidado que perezcamos?

Y se levantó y reprendió al viento y al mar y dijo calla y enmudece, y el viento cesó (como si estuviese exhausto por su actividad) y hubo (de inmediato) una grande (y perfecta) calma.

Marcos 4:35-39

Usted recordará este momento cuando Jesús estaba en una barca con sus discípulos y les dijo: "Pasemos al otro lado del lago". El esperaba que ellos tuviesen la suficiente fe para creer que lo que dijo ocurriría.

En el trayecto se levantó una tormenta, se atemorizaron mucho y perdieron la paz. Si embargo, Jesús dormía apacible en la parte trasera de la barca. Con gran temor lo despertaron y sus primeras palabras fueron: "Calla y enmudece" (RVR). Se dirigía al viento y al mar. Aunque la Biblia no lo dice, yo imagino que hablaba también a sus discípulos.

Este hecho tiene correlación con nuestras vidas y con las circunstancias por las cuales atravesamos. Dios nos da una instrucción y nosotros comenzamos por el final. Mientras recorremos el camino se suscitan tormentas que no esperamos. En tales momentos de tensión, nuestra lucha con el enemigo sólo puede ser exitosa si aprendemos a mantener la calma y a permanecer en paz: "Mantengan la paz" es una frase muy usada por el Señor en su Palabra, cuando instruye a su pueblo. Solamente cuando aprendamos a "estar en paz" oiremos bien su voz.

Filipenses 1: 28 nos expresa claramente esta realidad: Y no sean (ni por un momento) atemorizados ni intimidados por sus oponentes o adversarios porque tal (constancia e intrepidez) será un claro signo (prueba y conclusión) para ellos de (su inminente) destrucción, pero para ustedes (una segura muestra y evidencia) de su liberación y salvación por parte de Dios.

Si usted lee con detenimiento este versículo, lo digiere y asimila, verá que nuestra victoria es constante y permanente. El diablo no puede controlar a un creyente que está firme, sin temor, disfrutando de paz con su confianza puesta en el Señor. Entrar en el reposo de Dios es, realmente, entrar en la lucha espiritual contra las fuerzas de las tinieblas.

Recuerde que Efesios 6, nos enseña a colocarnos la armadura espiritual que Dios nos provée como soldados suyos. Al calzado que él nos da se le llama "el calzado de la paz". El calzado simboliza el caminar, por lo tanto debemos caminar en paz. Al hacerlo tendremos, por lo menos, un elemento de nuestra armadura en su debido lugar.

CAMINAR EN AMOR

Y andad en amor, como también Cristo nos amó y se entregó a sí mismo por nosotros, ofrenda y sacrificio a Dios en olor fragante.

Efesios 5:2 (RVR)

Otra verdad poderosa que el Espíritu Santo me enseñó sobre la lucha espiritual fue lo relativo a caminar en amor.

Mateo 24 nos enseña las señales de los últimos tiempos que debemos observar. Sin duda alguna habrá escuchado enseñar sobre ellas. Debemos estar atentos a las guerras, rumores de guerra, sismos en muchos lugares, hambrunas, etc.

Pero hay en este capítulo otra señal de los últimos tiempos de la cual no se habla mucho y Dios me ha dado una revelación al respecto. Me asombro que por tanto tiempo estudié la Palabra y no la había notado antes. Mateo 24: 12 dice: **Y el amor de muchos se enfriará por causa del aumento de la desobediencia y la iniquidad. Una de las señales de los últimos tiempos es que el amor en el pueblo de Dios se enfriará.**

Satanás sabe que el caminar en amor da paz a los creyentes. Una vez más fui convencida por el Espíritu Santo que no estaba ni remotamente interesada en andar en amor, como lo estaba en los otros métodos de lucha espiritual que había aprendido. En la Escritura no se nos dice que hablemos y teoricemos sobre el amor sino que caminemos en él. Sencillamente, ¡hagámoslo!

¿Por qué se preocupa Satanás por el amor? Gálatas 5: 6 nos dice que la fe obra o es activada o energizada por el amor. Podemos aprender sobre la fe y concentrarnos en perfeccionarla y carecer de poder hasta aprender que el amor es la fuerza que fluye a través de la fe.

En 1 Corintios 13:2 el Apóstol Pablo puntualiza esta realidad de la siguiente manera: Si yo tuviese poderes proféticos (el don de interpretar los profetas y la voluntad divina) y pudiese comprender todos los secretos y misterios y tuviera todo el conocimiento, y la fe (suficiente) para mover montañas pero no tengo amor, (el amor de Dios en mí) soy nada (un inútil don nadie).

EL AMOR COMO FRUTO DEL ESPIRITU

Pero el fruto del Espíritu (Santo, la obra que realiza su presencia en el interior de una persona), es amor.
Gálatas 5:22

Durante un periodo en mi vida estuve muy interesada en los dones del Espíritu. Los estudié, indagué, los pedí e intenté operar en ellos. Debo añadir que hacer lo que menciono no es incorrecto, pues 1 Corintios 12:31 en la versión Reina Valera Revisada nos enseña a **"procurar" los dones del Espíritu.** La traducción de La Biblia Amplificada nos aconseja desearlos con ansia y cultivarlos con celo 1 Corintios 14: 1

El amor es fruto del Espíritu. Cuando buscamos y desarrollamos dones que no producen fruto perdemos balance y yo agregaría que estamos fuera del orden establecido por Dios. El capítulo 12 de 1 Corintios empieza con una instrucción sobre lo que ellos son y cual es su propósito. Podría decirse que este capítulo estimula nuestro apetito Espiritual, luego el capítulo 13 nos enseña sobre el amor y el siguiente, el 14, comienza con la exhortación **Busquen y procuren ansiosamente adquirir (este) amor, (hagan de él su blanco y su gran búsqueda); y con ansia deseen y cultiven los dones espirituales especialmente profetizar (interpretar la voluntad divina y sus propósitos a través de la predicación y la enseñanza inspiradas)** (versículo 1)

Note que primero se menciona el amor (o fruto) y luego los dones. Yo caí en la trampa en que caen muchos cristianos. Tuve la enseñanza correcta pero el orden equivocado. Trataba desesperadamente de derrotar al diablo al cual encontraba en cualquier dirección en que me dirigiera. Aplicaba febrilmente los métodos aprendidos, como orar y ayunar, la oración de común acuerdo, la oración unida o en grupo (si dos no pueden hacerlo, entonces, ¡haga un grupo más grande!) el discernimiento para identificar qué demonio en particular me atacaba, resistir y reprender los demonios, etc.

Trataba con principados y potestades locales y otras cosas por el estilo. Y otra vez quiero decir que todas ellas en sí mismas no son equivocadas, pero si solamente aprendemos métodos y no andamos de la manera que Jesús caminó, no tendremos poder, sólo fórmulas vacías que no producen ningún resultado excepto, tal vez, el de irritar nuestra garganta.

Hace poco escuché de toda una congregación que (supuestamente) practicaba la guerra espiritual en todos sus servicios. Gastaban todo el tiempo durante el cual se reunían, en guerra contra los demonios que les causaban problemas hasta que prácticamente perdían la voz ¡de tanto gritar al demonio! Esto suena bastante ridículo, pero lo menciono porque yo hacía lo mismo. Recuerdo que vociferaba tanto contra el demonio convencida de que hacia guerra espiritual, que mi voz flaqueaba de tanto hacerlo.

ATAR Y DESATAR

Y a ti te daré las llaves del reino de los cielos; y todo lo que atare en la tierra será atado en los cielos; y todo lo que desatares en la tierra será desatado en los cielos.

Mateo 16:19 (RVR)

Pero nadie puede entrar en la casa de un hombre fuerte y saquear sus bienes si antes no lo ata y entonces podrá saquearla (completamente).

Marcos 3:27

Otro principio espiritual que aprendí desde muy temprano en mi caminar con el Señor fue el de atar y desatar. Lo hacía todo el tiempo. Ataba lo que no quería atar, y desataba lo que no quería desatar. Este es un principio sano si se enseña correctamente. Pero cuando por primera vez vi en las Escrituras mi "autoridad como creyente" ¡comencé a atar y desatar todo lo que tenía a la vista! Y también estuve cada día más frustrada, pues, como lo mencione antes, no obtuve resultados.

Luego vi Mateo 16: 19 en la traducción de La Biblia Amplificada y el problema fue aclarado. En este pasaje Jesús le habla a Pedro quien acaba de identificarlo **como el Cristo, el Hijo del Dios Viviente** (V. 16) Jesús dice que es bienaventurado porque esta verdad no se la reveló el hombre sino el Padre. Luego, basado en esta revelación de fe le dice en el versículo 19: **Te daré las llaves del reino de los cielos; y todo lo que ates (declares impropio e ilícito) en la tierra será atado en los cielos; y todo lo que desates (declares lícito) en la tierra será desatado en los cielos.**

En otras palabras, lo que éste versículo nos dice es que tenemos Autoridad como creyentes para efectuar la voluntad de Dios en la tierra, si actuamos en sociedad o en cooperación con él. Aunque él está en el cielo y nosotros en la tierra tenemos su Palabra y su Espíritu mora en nosotros. Podemos por lo tanto conocer su voluntad. Tenemos Autoridad sobre la tierra de llevar la voluntad del cielo a la acción. Lo que Dios ata o desata en los cielos, lo que él aprueba o desaprueba, eso y solamente eso es lo que podemos aprobar o desaprobar aquí en la tierra.

Repito que tenía el mensaje correcto pero en el orden equivocado. Había aprendido sobre mi Autoridad pero no sobre mi sumisión a la voluntad de Dios. Yo creo que un incontable número de cristianos viven vidas confusas y frustradas porque tienen mucha enseñanza pero no una concepción real de cómo y cuándo aplicarla. Quizás esta ilustración ayudará a hacer claridad sobre este asunto.

LA PROSPERIDAD DIVINA

Amado, yo oro para que seas prosperado en todas las cosas y que (tu cuerpo) tenga salud así como (sé que) tu alma tiene salud y prospera.

3 Juan 2

En cuanto a la prosperidad, me enseñaron que Dios quiere que posea abundancia de toda cosa buena: de dinero, aceptación social, buena salud, bienestar mental y crecimiento espiritual. Y es cierto, Dios quiere prosperarme en todas las áreas de mi vida. Lo creo por que así lo leo en la Biblia y me lo han enseñado maestros de la Palabra. Pero, ¿tenía una cabal comprensión de lo que leía u oía?

En la versión Reina Valera Revisada de la Biblia este versículo dice: **Amado, yo deseo que seas prosperado en todas las cosas, y que tengas salud, así como prospera tu alma.** Parece que lo único que yo escuchaba es que Dios quiere que tenga prosperidad por encima de cualquier cosa. No estoy segura si la enseñanza carecía de equilibrio (estaba desbalanceada) o si yo la oí mal. He aprendido que cuando somos carnales (tenemos una mente carnal) oímos con oídos carnales. Lo cierto es que cuando leí este versículo, lo único que vi fue: Dios quiere mi prosperidad más que cualquier otra cosa, así que la busqué y cuando no llegó, pensé que la razón era que el diablo impedía mis bendiciones. Entonces, luché con el diablo pero no vi ningún progreso.

Ahora cuando leo este mismo versículo comprendo que ciertamente Dios quiere mi prosperidad en todas las cosas, pero no es su deseo que prospere más en las cosas materiales que en las espirituales.

La prosperidad del alma significa en realidad Crecer en Dios y no andar más en carnalidad.

Dios declara en este versículo que quiere prosperarnos en todas las cosas. Y en la medida en que crecemos y progresamos espiritualmente, él nos dará progreso y prosperidad en las cosas naturales. El mandamiento de Jesús en Mateo 6: 23 confirma esta realidad: **Pero busquen primero (háganlo su meta, luchen por) el reino de Dios y su justicia (su forma recta de ser y hacer).**

La Biblia dice en Deuteronomio 28:2 **Y todas estas bendiciones vendrán sobre ti y te alcanzaran si escuchas la voz del Señor tu Dios.** Yo buscaba "sus dádivas" cuando debía buscar "su presencia".

VARIAS FORMAS DE GUERRA ESPIRITUAL

Y las naciones que hubieren sido salvas andarán a la luz de ella...

Apocalipsis 21:24 (RVR)

A través de los años he aprendido que buscar la presencia de Dios, andar en amor y obediencia, alabarlo en forma continua, especialmente en los tiempos difíciles, mantener mi paz durante los ataques y los tiempos de frustración, conocer la Palabra de Dios y declararla, (esgrimir la espada de dos filos) son todas formas de guerra espiritual.

Apoyar la fe en la Palabra y en su poder también es parte de la guerra espiritual. En próximos capítulos veremos como el nombre de Jesús y su sangre tienen relación con la lucha espiritual. Todas estas cosas son el poder que debe fluir a través de cualquier método que el Espíritu Santo urja utilizar.

Yo he ayunado y he visto tremendos resultados en mi vida. Creo ciertamente en el poder de la oración en común acuerdo y la utilizo regularmente. Creo en la oración unida o de grupo con un mismo propósito. Creo en la práctica de resistir y reprender al demonio. Experimenté ocasiones en mi vida cuando el Espíritu Santo me dio hambre de justicia. Y he guerreado con éxito contra los espíritus demoniacos.

Quiero enfatizar una vez más antes de finalizar este capítulo que no estoy en contra de aprender diferentes métodos de lucha espiritual. Jesús enfrentó al diablo de muy variadas maneras, pero el meollo de lo que trato de establecer es que debemos ser cuidadosos y no invertir el orden correcto de las cosas.

Se dará cuenta que si empieza por el comienzo, al efectuar las cosas que se deben hacer primero tales como buscar a Dios y andar en amor y obediencia, no tendrá necesidad de hacer guerra espiritual todo el tiempo. Las tinieblas no deben sobreponerse a la luz. Camine en la luz y el enemigo no podrá ver donde está usted. 1 Juan 1:7 y 5:18.

4

ARMAS ESPIRITUALES PARA UNA GUERRA ESPIRITUAL

Porque las armas de nuestra guerra no son físicas (armas de carne y sangre) sino poderosas en Dios para derrotar y destruir fortalezas.

2 Corintios 10:4

En este pasaje el apóstol Pablo nos dice que las armas de nuestra lucha no son carnales o naturales. Deben ser espirituales.

La Palabra de Dios es un arma espiritual.

En Juan 6: 63 Jesús dijo: **El Espíritu es el que da vida (es el dador de la vida). La carne no trae ningún prove- cho (no hay utilidad en ella). Las palabras (verdades) que yo les he hablado son Espíritu y son vida. En esta escritura aprendemos que su Palabra opera en el mun- do espiritual y produce vida.**

Proverbios 18:21 dice: **La vida y la muerte están en poder de la lengua y quien es indulgente con ella comerá de sus frutos** (para vida o para muerte). La enseñanza aquí es que existen otras palabras que tam- bién operan en el ámbito espiritual pero traen muer- te.

¡Las palabras contienen poder! Poder creador o des- tructor. La Palabra de Dios está llena de vida y de poder creador de vida, una persona sabia aprende y habla la Palabra de Dios más que ninguna otra cosa.

LA PALABRA ES LUZ Y VIDA

En el principio (antes de todos los tiempos), era la Palabra (Cristo) y la Palabra estaba con Dios y la Palabra era Dios mismo. En él estaba la vida y la vida era la luz de los hombres. Y la luz resplandece sobre las tinieblas y éstas nunca la pueden superar. (No puede ser absorbida o asimilada porque no se mezcla con ellas).

Juan 1:1,4 y 5

La vida supera a la muerte y la luz supera a las tinieblas. La Palabra de Dios es ambas cosas: luz y vida, por lo tanto tiene en si misma el poder que vence las tinieblas y prevalece en nuestras vidas.

LA LUZ TRIUNFA SOBRE LAS TINIEBLAS Y LA VIDA SOBRE LA MUERTE

En el principio Dios (preparó, formó y diseñó y) creo los cielos y la tierra.

Y la tierra no tenía forma y estaba vacía y había tinieblas sobre la faz del abismo. El Espíritu de Dios se movía (cubría e incubaba) sobre la faz de las aguas.

Y dijo Dios: Sea la luz; y fue la luz.

Y vio Dios que la luz era buena (apropiada, agradable) y le dio su aprobación. Y separó Dios la luz de las tinieblas.

Génesis 1:1-4

En estos primeros versículos de la Biblia vemos en operación un principio espiritual: que la luz sobrepasa las tinieblas. De la misma manera, la vida triunfa sobre las obras de la muerte. Arroja luz y las tinieblas se disipan. Derrama vida y desaparecerá la muerte.

Leemos en Romanos 8:11 **Y si el Espíritu de aquel que levantó a Jesús de los muertos vive en ustedes,**

(entonces) quien levantó a Jesús de los muertos restaurará la vida a sus cuerpos mortales (transitorios, perecederos) mediante el Espíritu que vive en ustedes.

¡Jesús estaba realmente muerto! Pero cuando el Espíritu de vida entró en él, cuando el poder vital de la resurrección lo poseyó, la muerte tuvo que huir.

Romanos 8:11 muestra el principio de la vida que vence a la muerte. Recuerde entonces que la Palabra de Dios es ambas cosas, Espíritu y vida, sea sabio y comience a hablar vida a su situación.

Algunas personas luchan con el diablo todo el tiempo, y mientras lo hacen hablan de muerte a sí mismos y a su situación. Hablar del problema todo el tiempo no arroja luz sobre las tinieblas.

¡Hable con la Palabra! ¡Háblela una y otra vez!

Podemos hablar con la Palabra de Dios no solo a nuestras propias vidas, sino que también podemos ser intercesores efectivos al declararla sobre la vida de otras personas.

ORAR CON LA PALABRA

Orar con la Palabra es también un arma espiritual que nos ayudará a ganar la guerra espiritual (tal como lo vimos previamente al discutir efesios 6:10-18).

Nuestra lucha no es contra carne y sangre sino contra principados, contra potestades y contra espíritus de maldad. Podemos vencer pero no con armas carnales. La oración por supuesto, es una fuerza espiritual que nos ayuda a vivir en victoria. Ella cierra las puertas del infierno y abre las ventanas de los cielos.

De Efesios 6:18 aprendemos que la oración es parte de nuestra armadura espiritual. Pero, ¿qué clase de oración? Debemos usar todo tipo de oración en nuestro caminar con Dios. Quizá usted este familiarizado – o quizás no – con los diferentes tipos que existen, así que hagamos juntos un repaso de los mismos.

La oración de común acuerdo: En la cual dos personas pactan orar por un motivo.

La oración unida: Un grupo de personas se unen para orar por una petición.

La Oración de acción de gracias: Oración que da sinceras gracias a Dios por su bondad en general o por alguna cosa especifica que ha hecho

La Oración de Alabanza y Adoración: Oración en la cual no se pide nada sino que se alaba a Dios por lo que ha hecho, por lo que hace, por lo que hará. Alaba a Dios especialmente por lo que él es en sí mismo. Se enfoca en rendir culto y adoración, expresar amor por el Padre, por el Hijo y por el Espíritu Santo.

La Oración de Petición: Es la oración que pide a Dios alguna cosa especifica para nosotros. Es probablemente la más común y utilizada.

La Oración de Intercesión: Involucra el permanecer delante de Dios pidiendo algún beneficio para otra persona.

La Oración de Rendimiento o Entrega: Toma una carga o problema y lo pone en el Señor. Entrega un asunto a su cuidado.

La Oración de Consagración: Aparta a una persona o cosa para el servicio de Dios.

Las anteriores son algunas de las oraciones más comunes.

Lo más importante en relación con la oración es que no importa qué tipo sea para ser efectiva debe estar llena de la Palabra de Dios y ser elevada con plena certeza de que él cumple su Palabra.

Mencionar a Dios su Palabra en oración es supremamente efectivo. Isaias 62:6 dice: Yo **he puesto guardas sobre tus muros, oh Jerusalén, guardarán tu paz día y noche; vosotros, quienes (sois sus siervos y en vuestras oraciones) recordáis al Señor (y sus promesas) no calléis. Esta es una poderosa Escritura que hay que conocer y recordar.**

Llene sus oraciones con la Palabra de Dios, al hacerlo encarga a los ángeles que ministren a su favor. Según Hebreos 1:14 los ángeles son siervos ministradores de Dios enviados para servir a los herederos de la salvación. El Salmo 103:20 dice: **Bendecid (cariñosamente, con gratitud y alabanza) al Señor vosotros sus ángeles, poderosos que ejecutáis sus mandatos atendiendo a la voz de su precepto. Esta Escritura nos dice que los ángeles entran en acción en obediencia a la Palabra hablada de Dios.**

Algunas oraciones no son otra cosa que murmuraciones y quejas con el encabezamiento de "querido Dios". Si quiere lograr la atención de Dios, llene su conversación, sus oraciones y su meditación con su Palabra.

El salmo 138:2 nos muestra la exaltada posición que Dios le confiere a su Palabra: **Adoraré hacia tu santo templo y alabaré tu Nombre por tu bondad, tu verdad y tu fidelidad; por que has exaltado tu Nombre y tu Palabra sobre todo y has magnificado tu Palabra sobre tu Nombre.**

Aunque no todas las traducciones enfatizan el hecho de la Palabra magnificada sobre el nombre como lo hace

"La Biblia Amplificada", para mi ninguna otra escritura muestra en forma tan enfática la importancia que Dios da a su Palabra. Sabemos cuán poderoso es el Nombre del Señor y cuánto debemos honrarlo, no obstante, en esta Escritura él nos dice que magnifica su Palabra aún por encima de su Nombre.

QUE LA PALABRA PERMANEZCA EN USTED

Si ustedes viven en mí (permanecen vitalmente unidos a mí) y mis palabras permanecen en ustedes y continúan viviendo en sus corazones, pidan lo que quieran y será hecho.

Juan 15:7

Quien aprende a permanecer en la Palabra y permite que ella permanezca en él tiene poder en la oración. Y quien tiene poder en la oración tiene poder sobre el enemigo.

Jesús también dijo en Juan 8:31-32 (RVR) **... si vosotros permanecéis en mí Palabra, seréis verdaderamente mis discípulos; conoceréis la verdad y la verdad os hará libres.** Si permanecemos en su Palabra y ella permanece en nosotros tendremos poder en la oración.

Permanecer significa estar, continuar o habitar. La Biblia amplificada presenta estas definiciones tomadas del original griego de la siguiente manera: Si ustedes permanecen en mi Palabra (guardan mis enseñanzas y viven de acuerdo con ellas) serán verdaderamente mis discípulos. Y conocerán la verdad y la verdad los hará libres.

Las personas que hacen de la Palabra de Dios solo una pequeña parte de sus vidas conocerán la verdad solo parcialmente y experimentarán solo una verdad limitada; pero quienes permanecen en ella tendrán el pleno conocimiento de la realidad y experimentarán una completa libertad. El mismo principio opera en la oración efectiva. Permanecer en la Palabra incrementa el poder de la oración.

Considere lo que dice 1 Juan 2:14 y verá con claridad que el permanecer en la Palabra de Dios produce victoria sobre el maligno. **Les escribo a ustedes, padres, porque han conocido (han reconocido, comprenden y están conscientes de) el que es (ha existido) desde el principio. Les escribo a ustedes jóvenes, porque son fuertes y vigorosos y la Palabra de Dios permanece (siempre) en ustedes (en sus corazones) y han vencido al maligno.**

Estos hombres jóvenes fueron victoriosos sobre el maligno porque permanecieron en la Palabra de Dios.

Yo puedo testificar que la Palabra de Dios me ha hecho victoriosa sobre el mal. Mi vida era confusa porque ignoraba esa Palabra. Por muchos años fui una cristiana que asistía a la iglesia, diezmaba, amaba a Dios y me mantenía activa en su obra. Pero no tenia victoria por que desconocía la Palabra.

Muchos cristianos van a la iglesia cada semana para escuchar a alguien que les predique la Palabra pero jamás la conocen por sí mismo. Si usted quiere vivir en victoria debe hacer su propio estudio de la Palabra. Extraer usted mismo el oro que hay escondido en las páginas de la Biblia.

Lo que digo va más allá de leer un capítulo diario. Es una buena práctica y es un buen comienzo, pero si realmente quiere tener victoria sobre el mal en estos últimos tiempos, debe darle a la Palabra de Dios un lugar prioritario, un sitio preferencial en su vida, y eso significa un lugar de prioridad en su meditación.

¡Afírmese en la Palabra y permanezca en ella!

En la práctica, esto podría significar que se levante en la mañana y mientras toma su ducha empiece a confesar o a cantar la Palabra. Tal vez camino al trabajo escuche una cita de buena enseñanza o buena música llena de la Palabra. Aun la Biblia se encuentra disponible en casetes si quiere escucharla mientras hace su trabajo doméstico. Algunas personas tienen un tipo de trabajo en el cual pueden escuchar grabadoras o radios todo el día. Usted debería escuchar regularmente predicaciones y enseñanzas con unción. Varias veces por semana no es demasiado, especialmente si tiene muchos problemas.

Querrá utilizar su hora de almuerzo en la lectura de la Palabra o caminar y orar (recuerde llenar sus oraciones con la Palabra). Cuando el día laboral llega a su final, de regreso a casa puede repetir lo mismo de la mañana, escuchar un casete. Recuerde que mientras más tiempo deje su mente libre para divagar o estar ociosa, mayor será el intento del diablo por llenarla. Manténgala llena con la Palabra y tendrá menos problemas.

No sugiero que ignore a su familia o sea irresponsable en otras áreas. Mientras trabaja necesita darle a su empleador un día completo de trabajo a fin de obtener un salario completo. Escuche casetes en el trabajo solo si su patrono no lo considera un problema. Me doy cuenta además que ninguna persona puede mantener la Palabra como un ruido que resuena en su cabeza o en sus oídos sin parar. Permanecer no significa incesante. Yo lo defino como inexorable, continua y regularmente.

Mientras ha leído este libro se habrá preguntado por que no tiene victoria en su vida. ¿Ha sido cristiano o cristiana por muchos años y no obstante parece que

siempre está sometido a algo ¿Puede decir honesta-
mente que ha permanecido y habitado todos estos
años en la Palabra de Dios? Si la respuesta es no,
entonces mi esperanza y mi oración es que este libro
le habrá los ojos y que Dios lo utilice para motivarlo
a la acción plenamente armado y determinado a ganar
la guerra.

SEGUNDA PARTE
EL NOMBRE

5

SU GLORIOSO NOMBRE

Para que en el Nombre de Jesús se doble toda rodilla de los que están en el cielo y en la tierra y debajo de la tierra.

Filipenses 2:10

Utilizar el Nombre de Jesús y tener una revelación del poder implícito en él son dos cosas diferentes. Aun la sola enseñanza sobre el poder del Nombre de Jesús no es suficiente *¡Debe existir una revelación acerca de tal poder!*

Nadie puede tener una revelación por sí mismo; ésta debe venir del Espíritu Santo quien es el Revelador de toda verdad. Así que comience la lectura de esta sección del libro con oración. Pida una revelación con respecto al Nombre de Jesús y al poder intrínseco que posee para cada creyente.

Yo utilicé el Nombre de Jesús por muchos años sin los resultados que me habían dicho que podría obtener. Soy el tipo de persona que va al fondo del asunto si después de cierto tiempo las cosas no marchan como se supone deberían marchar. Por lo tanto inquirí del Señor porque no obtenía resultados al utilizar su Nombre en circunstancias que estaban fuera de su voluntad. Lo que él me ha enseñado ha sido progresivo y estoy segura que hay más todavía, pero estoy lista para compartir con usted lo que me ha revelado hasta aquí.

Se requiere fe en el Nombre de Jesús para activar el poder intrínseco que en él existe. Examinaremos por lo tanto varios pasajes de la Escritura que hablan de este nombre tan poderoso que cuando es mencionado con fe, hace doblar toda rodilla en tres ámbitos: ¡en el cielo, en la tierra y debajo de la tierra!

EL MAS PODEROSO Y SUPREMO NOMBRE

Y (que ustedes puedan saber y comprender) cuál es la inmensurable, ilimitada y excelente grandeza de su poder en y para nosotros los que creemos como ha sido demostrada en la operación de su fuerza poderosa.

La cual él ejerció en Cristo levantándolo de los muertos y sentándolo en su diestra en los lugares celestiales.

Sobre todo principado y autoridad y poder y señorío y sobre todo nombre (todo título que pueda ser conferido) que se nombra no solo en este tiempo y en este mundo sino también en los venideros.

Y sometió todas las cosas bajo sus pies y lo ha señalado por cabeza universal y suprema de la iglesia (supremacía que es ejercida a través de toda la iglesia).

La cual es su cuerpo, la plenitud de Aquel que todo lo llena en todo (por que en ese cuerpo habita la plenitud de quien hace completas todas las cosas y quien llena todo, en todo lugar con su presencia)

Efesios 1:19-23

Considere lo siguiente: Jesús vino del más alto cielo, estuvo en la tierra, descendió al hades, o bajo la tierra, y ahora está sentado a la diestra del padre otra vez en el alto cielo. Podría decirse que ha hecho un circulo perfecto, por lo tanto ha llenado todas las cosas en todo lugar con su presencia. El está sentado sobre todas las cosas y tiene un Nombre que es sobre todo nombre. ¡Es el supremo, el más poderoso Nombre y se nos fue dado a nosotros!

¡HAY PODER EN EL NOMBRE!

Y subían Pedro y Juan al templo a la hora de la oración, la hora novena (tres en punto de la tarde).

Cuando fue traído un cierto hombre, cojo de nacimiento, a quien ponían cada día a la puerta del templo que se llamaba la Hermosa para que pidiera limosna a los que entraban al templo.

Cuando vió a Pedro y a Juan que iban a entrar en el templo, les pidió que le dieran algo.

Y Pedro y Juan lo miraron fijamente y Pedro le dijo: ¡Míranos!

Entonces el hombre estuvo atento esperando recibir algo de ellos.

Pero Pedro le dijo: No tengo plata ni oro (dinero) pero lo que tengo te doy; ¡en (uso de) el Nombre de Jesucristo de Nazaret levántate y anda!

Hechos 3:1-6

Pedro y Juan caminaban y vieron un cojo que era llevado por otros. De inmediato lo reconocieron como el pobre hombre que se sentaba cada día frente a la puerta del templo y mendigaba. Cuando vió a Pedro y a Juan les pidió limosna y esta fue su respuesta: "¡En el Nombre de Jesucristo de Nazaret, levántate y anda!"

El versículo siete nos dice que el hombre se puso en pie y comenzó a saltar completamente sano. Estos primeros discípulos obviamente tuvieron revelación relativa al poder del Nombre de Jesús y lo utilizaron.

EL NOMBRE TRAE SALVACION Y SALUD

Y en ningún otro hay salvación porque no hay otro nombre bajo el cielo dado a los hombres, en que podamos ser salvos.

Hechos 4:12

Y estas señales seguirán a los que creen; en mi Nombre echarán fuera demonios; hablarán en nuevas lenguas;

Tomarán en las manos serpientes; y si bebieren cosa mortífera, no les hará daño; pondrán sus manos sobre los enfermos y sanarán.

Marcos 16:17 y 18

La Palabra de Dios nos revela que somos salvos en el Nombre de Jesús. El bautismo tanto en agua como en el Espíritu Santo se efectúa en su Nombre. Oramos y esperamos repuesta a nuestras oraciones en el Nombre de Jesús. Los enfermos se sanan y los demonios son expulsados en su maravilloso Nombre.

Lea el libro de los hechos y se dará rápida cuenta de como los primeros discípulos usaron el Nombre de Jesús.

Yo creo que el diablo siempre ataca más fuerte cuando algo comienza y termina. El no quiere que empecemos algo importante y valioso, y si de alguna manera nos ingeniamos para comenzar, hará lo posible por impedirnos terminar. Atacó ferozmente el nacimiento de la iglesia, y ahora que estamos cerca del final de su tiempo y de la segunda venida de Cristo ataca otra vez con un ardor y celo que no le habíamos visto antes. El bien sabe que su tiempo está a punto de terminar, su contrato se encuentra a punto de vencer.

Vivimos definitivamente en los últimos tiempos y debemos saber como enfrentar la arremetida del diablo y salir victoriosos. Creo que esto es posible pero solo a través de la Palabra, el Nombre, la Sangre y una revelación personal sobre el poder que Dios a conferido a cada uno de ellos.

Debemos tener un derramamiento del Espíritu Santo, y obra a través de estos tres elementos. Cuando ellos son exaltados, el Espíritu está presente.

SU NOMBRE TOMA SU LUGAR

Cuando una mujer da a luz su hijo, tiene aflicción (angustia, agonía) porque su tiempo ha llegado. Pero cuando el niño ha nacido, ya no recuerda más su dolor (trabajo y angustia) por la alegría de que un hombre (un niño, una vida humana) haya nacido en el mundo.

También ustedes están ahora acongojados (apenados y deprimidos); pero los veré otra vez y (entonces) sus corazones se regocijarán y nadie les quitará su gozo (su alegría y su deleite)

Y cuando esa ocasión llegue no me preguntarán nada (no necesitarán hacerme preguntas). Les aseguro con toda solemnidad que cuanto pidan al Padre en mi Nombre (como presentando todo lo que YO SOY), les será concedido.

Hasta aquí no han pedido nada en mi Nombre (como presentando todo lo que YO SOY); pero ahora, pidan y continúen pidiendo y recibirán para que su gozo (su alegría y deleite) sean plenos y completos.

Juan 16:21-24

Con frecuencia pensamos, oh que maravilloso hubiera sido caminar físicamente con Jesús. Haber sido uno de sus doce discípulos que durante tres años pasaron día tras día en su compañía. Sí. Debe haber sido una maravillosa experiencia, pero él mismo dijo que sus seguidores estarían mejor cuando él se fuera porque entonces enviaría al Espíritu Santo en cada creyente para estar en estrecha comunion con ellos (Juan 16: 7).

En este mismo capítulo él les dice que aunque ahora están acongojados al escuchar las noticias de su inminente partida, la hora vendrá cuando se regocijaran otra vez tal como una mujer tiene dolor durante su parto, pero se goza cuando el niño ha nacido.

Ellos se entristecieron por su partida y por su ausencia física, pero él les aseguro que cambiarían de opinión cuando vieran la gloria de su Espíritu en ellos y el poder que estaría a disposición de cada uno a través del privilegio de utilizar su Nombre en oración. Literalmente les daba –y lo ha dado a todos los que creen en él – "poder judicial", el derecho legal de usar su Nombre.

Permítame darle un ejemplo practico para ayudarle a comprender este principio. Mi esposo Dave y yo viajamos bastante. Tenemos un hijo menor de edad que cuando puede, viaja con nosotros, pero no ocurre así todas las veces. Quisimos asegurarnos que las personas que lo cuidan en nuestra ausencia estuvieran en capacidad de procurar tratamiento medico para él, en caso de que fuera necesario. Descubrimos que necesitaban un documento legal, firmado por nosotros, donde constara que ellos tienen el derecho de usar nuestro nombre en representación de nuestro hijo y literalmente tomar decisiones por nosotros. Les dimos un "poder judicial". No podíamos estar allí en persona pero quisimos estar seguros que en nuestra ausencia se pudiera hacer cualquier cosa que fuera necesaria.

Jesús hizo lo mismo por sus discípulos y en esencia por todos quienes creyeran en él. Dijo: "tengo que partir pero les dejo mi Nombre. Pueden usarlo al orar a mi padre y El les concederá cualquier cosa que pidan en mi Nombre".

Esta es la Autoridad que se nos ha concedido a usted y a mí en su Nombre. ¡Qué admirable privilegio!

La Biblia Amplificada presenta el hecho de que pedir en el Nombre de Jesús significa presentar al Padre todo lo que él es. Esto es muy importante porque nos enseña que cuando oramos en su Nombre presentamos todo lo que él es y lo que él ha realizado y no lo que nosotros somos o hemos efectuado. Este es uno de los grandes beneficios de orar en su Nombre y no en el nuestro o en nombre de cualquier otra persona.

Jesús ya fue perfecto y agradó al Padre por nosotros, por lo tanto, no vivimos la presión de presentar un récord perfecto de recto comportamiento o conducta, antes de orar.

Sí. ¡Orar en él Nombre de Jesús quita de nosotros la presión! Su Nombre toma su lugar y su representación. ¡Cuando oramos en su Nombre, es como si él orara, como si él pidiera!

Para digerir esta maravillosa verdad, meditemos en ella una y otra vez. ¡Este es un privilegio que parece demasiado majestuoso para creerlo! ¿Nos atrevemos a creer tal cosa? Podemos creerlo porque tenemos la Escritura para sustentarlo. Debemos creerlo para bien de la continuidad de su obra en la tierra. A menos que oremos con fe y utilicemos el Nombre de Jesús, nada se logrará en la promoción del Reino de Dios en este mundo.

Hay poder en el Señor y él diablo lo sabe. Es triste decirlo pero muchas veces el enemigo lo sabe mejor que los mismos creyentes, por lo que es imperativo en esta hora final de la historia que tengamos una revelación sobre el Nombre de Jesús. Cuando este Nombre es pronunciado por un creyente que ha recibido revelación, el cielo entero presta atención. Dios escucha las oraciones que son elevadas en el Nombre de Jesús y las contesta. Y el infierno también presta atención cuando oramos en su Nombre o hablamos de él.

Si alguien menciona el nombre de una persona conocida de inmediato en su mente se proyecta una imagen de tal individuo. La mención de su nombre trae un recuerdo suyo. Es como si se hiciera presente. Puede no estar presente físicamente, pero su nombre le recuerda todo lo que usted sabe de él. Los nombres representan a la gente, dan la imagen de su carácter.

Haga conmigo una pequeña prueba de lo que le estoy diciendo. Seleccione los nombres de varias personas a quienes conoce bastante bien. Pronuncie uno de los nombres y espere unos segundos. Mientras espera, notará que empezarán a llegar a su memoria aspectos relacionados con la persona cuyo nombre menciono, porque el nombre representa a la persona misma y proyecta una imagen de ella. Haga la prueba varias veces con nombres diferentes y esto le ayudará a comprender lo que ocurre en el mundo espiritual cuando pronunciamos el Nombre de Jesús. Su nombre es su representación.

El diablo no desea que usted y yo usemos el Nombre de Jesús en forma apropiada. Lo digo porque más adelante verá que muchos lo utilizan de manera inapropiada.

En el Capítulo 3 de los Hechos vemos a Pedro y a Juan, cómo utilizan el Nombre de Jesús de manera apropiada y por la fe en él y mediante su poder un cojo fue completamente sanado. En hechos 4 leemos que los principales sacerdotes, el jefe de la guardia del templo y los saduceos vinieron sobre ellos y los arrestaron por lo que hacían en dicho Nombre. La gente se convertía al cristianismo y los líderes religiosos temían, así que trataron de parar el movimiento que ganaba fuerza por la enseñanza y la predicación de Pedro y Juan.

Miremos las palabras de estos líderes religiosos tal como están registradas en el libro de los Hechos 4:16-18: ¿Qué vamos a hacer con estos hombres? Porque un milagro extraordinario ha sido efectuado por (a través de) ellos, notorio a todos los habitantes de Jerusalén, y no lo podemos negar. Pero para que no se extienda más entre el pueblo y en la nación, amenacémoslos y prohibámosles que no hablen a nadie en este nombre (o de esta persona) entonces los reemplazaron y les dieron sustracciones perentorias para que no hablaran o enseñaran en el nombre de Jesús.

Es obvio que esta gente estaba temerosa del poder que veían manifestado en ese Nombre y querían atajar su propagación, por lo que le prohibieron a los discípulos para que no lo usaran más. Por supuesto Pedro y Juan respondieron: **"Debemos obedecer a Dios antes que a los hombres."** (Hechos 4:19-20)

Jesús había partido físicamente pero sus discípulos continuaban su ministerio, y utilizaban su Nombre, el cual tomaba su lugar. Así es todavía y así será para siempre.

Use el Nombre de Jesús. Utilice el poder legal que le fue dado. Su Nombre es una de las armas más importantes con las que puede defenderse y atacar el reino de las tinieblas. Su esperanza no está basada en usted mismo, sino en su Palabra, en su Nombre y en su Sangre.

6

EJERCIENDO AUTORIDAD EN EL NOMBRE

Entonces Jesús llamó a los doce, (apóstoles) y les dio poder y autoridad sobre todos los demonios y para sanar enfermedades.

Y los envió a anunciar y a predicar el Reino de Dios y a sanar a los enfermos.

Lucas 9:1-2

Al mirar los muchos ejemplos en que el Nombre de Jesús fue utilizado en oraciones, debemos también reconocer que el poder legal da el derecho de ordenar en su Nombre.

Oramos y le pedimos al Padre cosas en su Nombre, y le damos ordenes al enemigo. Le hablamos a las circunstancias, a los principados y potestades, hacemos uso de la autoridad que por virtud del poder judicial nos fue dada por el mismo Señor Jesús.

Pedro y Juan le ordenaron al cojo que caminara. Con claridad le dijeron: "En el Nombre de Jesucristo de Nazaret, levántate y anda".

En ejercicio de nuestro ministerio, cuando echamos fuera demonios, no ponemos las manos sobre el endemoniado y empezamos a orar para que Dios lo libere. Le ordenamos al demonio salir en el Nombre de Jesús.

Ya hemos orado. Ya nos acercamos al Padre en el Nombre de su Hijo y disfrutamos nuestra comunión con él. Le hablamos y pedimos que nos otorgue poder sobre los demonios de tal manera que podemos ayudar a la gente cuando necesita este tipo de ministerio. Ahora salgamos y usemos ese poder que nos ha concedido y ejerzamos la Autoridad inherente en el Nombre de su Hijo Jesús.

El mismo principio se aplica en la sanidad de los enfermos. Hay ocasiones en que elevamos la oración de fe en el Nombre de Jesús, o ungimos los enfermos con aceite según se enseña en Santiago 5:15;pero hay otras veces en que simplemente le ordenamos a la enfermedad salir en el mismo Nombre del Señor Jesús.

Cuando coloco mis manos sobre los enfermos, generalmente digo: " sé sano en el Nombre de Jesús". O tomo Autoridad sobre la enfermedad que hay en el cuerpo de la persona, en el Nombre de Jesús. Creo que es importante para nosotros saber cuándo orar y cuándo ordenar. De hecho yo había terminado ya de escribir esta libro pero el Señor me movió a regresar y añadir esta sección; de modo que debe ser muy importante.

Cuando Jesús ministraba a la gente o trataba con demonios, él ordenaba sanidad y liberación. No se detenía en ese momento para orar. Ya había orado. Al escudriñar el Nuevo Testamento, con frecuencia lo encontramos en periodos de oración y meditación. Algún pasaje dice: " Y subió al monte y pasó toda la noche en oración", y otros dicen algo similar.

El mismo principio se aplica a nosotros. Si hemos de ser efectivos en el ministerio, tenemos que estar en compañerismo, comunión y armonía con nuestro Padre celestial.

Pase tiempo todos los días con el Señor. Mantenga comunión con él, busque, ore, pida y salga de ese tiempo de intimidad con Dios equipado para realizar las tareas que tiene entre manos. Así, bien equipado, vaya y realícelas. Ejerza la Autoridad que ha recibido en el Nombre del Señor.

El director general de nuestro ministerio Vida en la Palabra, tiene autoridad para usar mi nombre o el de Dave para efectuar transacciones. Pero esa autoridad se la dimos y se mantiene basada en nuestra relación. Nuestros hijos trabajan para el ministerio y algunos de ellos están en posiciones directivas. Ellos llevan nuestro nombre y tienen el derecho de utilizarlo. Pero aunque legalmente lo llevan por nacimiento, el derecho de usarlo para actividades del ministerio se mantiene a través de una buena relación con nosotros.

Los creyentes tienen derecho legal al Nombre de Jesús como resultado de su nuevo nacimiento, pero el utilizarlo con poder se establece mediante una comunicación permanente con Dios. Podrá leer más de este tema en uno de los capítulos finales, pero por ahora recuerde: vaya al Padre en el Nombre de Jesús, ore y pida, en su Nombre maravilloso, lo que quiera y necesite. Luego, cuando realice el trabajo del Reino, ejerza Autoridad en su nombre. Al representar al Señor en todas estas instancias, debe actuar en su Nombre, y utilizar el poder legal que él le ha conferido.

NO TOME EL NOMBRE DEL SEÑOR EN VANO

No tomarás el Nombre de Jehová tu Dios en vano; porque no dará por inocente Jehová al que tomare su nombre en vano.

Exodo 20-7 (RVR)

Una vez escuché a alguien decir: "Lo que obraba en los discípulos en el libro de los Hechos era una revelación del Nombre de Jesús".

Cuando oí esta afirmación algo centelleó en mi interior y empece a orar por revelación acerca de su Nombre. Como lo he mencionado antes, necesitamos revelación, no enseñanza. Quizás hemos oído mucha enseñanza, pero no recibimos revelación. El Espíritu Santo revela la Palabra a todos los que la buscan; entonces, pídala.

Poco después de haber orado tuve revelación relacionada con tomar su Nombre en vano.

Sabemos que uno de los diez mandamientos es no tomar su nombre en vano. La Palabra "vano" significa inútil, sin fruto, sin provecho, tonto o irreverente.[1] El Espíritu Santo comenzó a mostrarme cuán frecuentemente la gente toma el Nombre del Señor en vano. No los incrédulos, sino los creyentes, todos nosotros que nos llamamos Cristianos. Primero él me trajo convicción personal sobre esta práctica, y cuando vi lo que hacia me sentí en realidad apesadumbrada y por entero arrepentida. Luego empecé a notar con cuanta frecuencia otras personas toman el nombre de Dios en vano.

Permítame explicarle:

Siempre pense que tomar el Nombre del Señor en vano significaba añadirle una palabra de maldición. Pero significa muchisimo más que eso. La traducción de Exodo 20:7 de La Biblia Amplificada dice: **No usarás o repetirás el Nombre del Señor tu Dios en vano (esto es liviana o frívolamente, en afirmaciones falsas o profanamente); porque el Señor no exonerará de culpa a quien tome su Nombre en vano.**

La cuestión de usar o repetir el Nombre de Dios "en forma liviana o frívola" en realidad me conmovió. Tenía algunos malos hábitos que de verdad quebrantaban el tercer mandamiento, pero estaba engañada y no me

---

1 Basado en él Webster's New-World Dictionary 3er college, de, s.v. "rain".

daba cuenta de que lo hacía. Acostumbraba utilizar expresiones tales como "oh Dios mío" cuando veía algo horrible o chocante o cuando escuchaba noticias sorprendentes, aún cuando dejaba caer algo o cuando los niños rompían alguna cosa. Los cristianos quizá usan su Nombre de esta manera y piensan con inocencia que sólo lo recuerdan o invocan en una determinada situación. La oración completa debería ser: "...obra poderosamente en esta situación" o "...ayúdame a ser más cuidadoso" o "...ayúdanos a mantener la calma". Pero lo mencionamos livianamente como lo hacemos con cualquier otra cosa. El Señor me reveló que su Nombre es más que una simple frase.

Hay poder en el Nombre del Señor y debe ser respetado con reverencia. Leemos en Malaquías 1:14: **Porque yo soy gran Rey dice el Señor de los Ejércitos y mi Nombre es temible y debe ser temido o reverenciado entre las naciones. En otras palabras, usted y yo necesitamos tener tal reverencia por el Señor y por todos sus expresivos nombres que temamos pronunciarlos sin propósito.**

De hecho la iglesia necesita más reverencia por las cosas de Dios en el día de hoy. Mucho se ha perdido en esta área y creo que es vital que regresemos a un respeto y a un temor Santo y reverente para el Señor, para su Nombre y Su obra.

El Espíritu me dijo que a veces nosotros operamos con cero poder debido a la mezcla de factores positivos y negativos. Si queremos ver en acción el poder de Dios cuando pronunciamos el Nombre de Jesús, no debemos usarlo con liviandad o frivolidad en otras ocasiones.

Oigo de cristianos expresiones como "Oh Dios", "Mi Dios", "Querido Dios" y no en oración sino en charlas comunes. Yo misma fui culpable de este tipo de cosas. Cuando estaba cansada, estiraba mi cuerpo, bostezaba y decía: "Oh Dios, estoy apaleada". Jamás pensé antes en ésto, pero ahora cometo un pecado si uso su Nombre en forma tan liviana.

Un día bromeaba con mi hijo mayor, quien había llegado a nuestra casa para hablar conmigo de algún negocio justo cuando empezábamos a comer. Hablé con él un momento y luego con cariño, medio en serio, medio en broma, traté de que se fuera para continuar con la comida. Yo no quería hablar más de negocios y el sí. Finalmente en broma señalé la puerta y le dije: "¡Fuera en el Nombre de Jesús!" Inmediatamente una convicción aguda cayó sobre mí. El Espíritu Santo me dio esta revelación que ahora le comparto y me convenció de pecado ese día.

Según la Biblia se nos ha dado Autoridad para echar fuera demonios en el Nombre de Jesús. En muchas ocasiones ministro a las personas y espero que los demonios salgan si hay alguno que oprima a la persona a la cual ministro. Pero ¿cómo puedo esperar ver el poder manifestado en tal Nombre si lo uso con seriedad en una ocasión y con frivolidad en otra?

Recuerde que mezclar factores positivos y negativos le dará como resultado cero poder. Me siento muy agradecida por la revelación que el Espíritu Santo me dio en esta materia y espero que le ayude lo mismo que a mí.

Un día compartía de esta revelación con mi empleada domestica mientras ella planchaba. Era algo nuevo para mí y estaba ansiosa por compartirlo con alguna persona y ver cómo la afectaba. Hablé con ella brevemente y comenzó a llorar. Vi literalmente que la convicción de Dios vino sobre ella. Lo mismo ocurrió con otras dos mujeres que trabajan en nuestra oficina. Creo que esta verdad es muy importante y le recomiendo que examine su vida y su conversación, pidiéndole al Espíritu Santo que le señale el uso indebido que en cualquier momento haga del Nombre del Señor.

En Isaias 52:4-6 leemos: **Porque así dice Dios el Señor: mi pueblo descendió a Egipto para morar allá; y (muchos años después Senaquerib) el Asirio lo oprimió sin motivo. (yo los he liberado tanto de Egipto como de Asiria; ¿qué me puede impedir que los libere de Babilonia?) Pero ahora, ¿qué hago aquí - dice el Señor - viendo que mi pueblo es llevado cautivo sin razón? Los que se enseñorean sobre ellos aúllan (de gozo) dice el Señor, y mi Nombre es continuamente blasfemado todo el día. Por lo tanto mi pueblo sabrá lo que es mi Nombre y lo que significa; y sabrán en aquel día que yo soy el que hablo; ¡el YO SOY!**

Los paganos blasfeman su Nombre todo el día, dice el Señor, pero su pueblo conocerá su Nombre, su valor y su significado. Que los paganos no respeten ni reverencian su Nombre, pero que jamás se diga esto de nosotros que nos llamamos cristianos, ¡que tomemos en vano su Nombre!

Charlaba hace poco con una amiga cristiana, una mujer muy querida, que ama al Señor Jesús y basa su vida en sus enseñanzas. Durante el transcurso de la conversacion, usó el Nombre del Señor en vano (en forma liviana o frívola) cinco veces en una hora. Sólo yo lo noté por cuanto Dios me había mostrado sobre este asunto.

Creo que no tenemos ni idea del problema que esto representa y lo exhorto para que lo tome seriamente. No se sienta condenado, pero si siente convicción de pecado, arrepientase y pida la ayuda del Espíritu Santo en el futuro.

INVOCAR EL NOMBRE EN TIEMPOS DE CRISIS

Y será que cualquiera que invocare el Nombre del Señor (que invoque, adore y rinda culto a Cristo el Señor) será salvo. Hechos 2:21

Un amigo, alumno mío en el seminario y ahora pastor de una iglesia, conducía su vehículo un día en una intersección de vías principales y su hijito de tres o cuatro años iba con él. Mi amigo no se dio cuenta que la puerta del lado del pasajero no estaba bien asegurada, e hizo un viraje brusco. Esto ocurrió antes de establecer la norma del cinturón de seguridad y el chico no lo tenía puesto. ¡La puerta se abrió y el niño rodó en medio de un intenso tráfico que circulaba en cuatro direcciones!

Lo único que mi amigo vio fue cuatro llantas moviéndose a gran velocidad a punto de arrollar a su hijo. Todo lo que supo decir fue "¡Jesús!"

Tan pronto como pudo detener su vehículo salió y corrió hasta donde el niño, el cual estaba sano y salvo. Pero el hombre que conducía el vehículo que lo hubiera atropellado estaba absolutamente histérico. Mi amigo trató de confortarlo:

"No se angustie!" - le decía - "mi hijo esta bien. No se preocupe y dé gracias a Dios que pudo detenerse!"

"Usted no entiende" - respondió el hombre - "yo jamás toqué los frenos".

Esta fue una situación crítica.

No hubo tiempo de que nadie hiciera nada, ni para pensar, planear o razonar. Aunque no había nada que un ser humano pudiera hacer, el Nombre de Jesús prevaleció. El poder obrador de milagros entró en escena y la vida del niño fue salvada.

Yo creo que necesitamos más confianza en el Nombre de Jesús y menos en nosotros o en cualquier otro para resolver nuestros problemas: Hay poder en su Nombre glorioso y maravilloso que está por encima de cualquier otro y tiene más poder. Supera la enfermedad, la depresión y la necesidad. Vence el odio la contienda y la falta de perdón.

Como hemos visto, Efesios 6:12 nos dice que: **no luchamos contra carne y sangre (no contendemos solo con adversarios físicos), sino contra tiranías, contra potestades, contra gobernadores del mundo y de las tinieblas, contra fuerzas espirituales de maldad en los cielos.**

Use el Nombre de Jesús contra los espíritus que provocan la contienda, el odio y la falta de perdón.

En vez de contender con las personas que le causan dolor y problemas, ataque los espíritus que obran a través de ellas. Recuerde, las armas de nuestra guerra no son carnales. No son armas naturales, sino espirituales: la Palabra, el Nombre y la Sangre de Jesús.

Cuando David enfrentó a Goliat le dijo: **Tú vienes a mí con espada, lanza y jabalina, pero yo vengo a ti en el Nombre del Señor de los ejércitos, el Dios de los escuadrones del Israel a quien tú has desafiado. El Señor te entregará hoy en mi mano y yo te venceré, y te cortaré la cabeza, y daré hoy los cuerpos de los filisteos a las aves de los cielos, y a las bestias de la tierra y toda la tierra sabrá que hay Dios en Israel**

1 Samuel 17:45-46

Israel estaba en crisis y aunque David declaró lo que él le haría al enemigo, dijo que todo sería hecho en el Nombre del Señor de los ejércitos.

En tiempos de crisis o de emergencia invoque el Nombre del Señor. Hubo ocasiones en mi vida en que he estado tan lastimada física o emocionalmente que todo lo que pude decir fue "¡Jesús!" No es una oración muy elocuente o sonora pero su Nombre es suficiente en esos momentos.

Muy frecuentemente el Espíritu Santo me guía a leer un libro sobre el Nombre de Jesús. Refresca mi memoria sobre todo lo que su Nombre es para mí. Cuando estudio este tópico, mi fe se fortalece. Mi oración es que este libro haga lo mismo para usted ya sea que lo que en él le comparto sea nuevo, o algo conocido que necesita recordar.

Creo que es muy importante desarrollar fe en el Nombre de Jesús. Mientras más fe se tiene en una persona, más podemos confiar y apoyarnos en ella, sobretodo en tiempos de necesidad.

Si tengo un empleado que está dispuesto a ir siempre un poco más allá para ayudarnos en tiempo de necesidad, me sentiré inclinada a apoyarme en él cuando ese tiempo llegue.

Ocurre lo mismo con el Señor Jesús. Mientras más conocemos su fidelidad en momentos de necesidad y crisis, mientras más experimentamos el poder que hay en su Nombre sobre las situaciones y las circunstancias, más crece y se desarrolla nuestra fe en él.

La victoria no está en contar con el Nombre del Señor, o aun en usarlo; la victoria está en tener fe en él y utilizarlo apropiadamente. En Hechos 3 Pedro y Juan utilizaron el Nombre del Señor Jesús, el cojo fue sanado y la gente se aglomeró maravillada.

En el versículo 12 Pedro dijo a la asombrada concurrencia: ...por qué se sorprenden y se maravillan y por qué ponen los ojos en nosotros, como si por nuestro (propio o personal) poder o piedad hubiésemos hecho andar a este hombre. Pedro declaró sabiamente: **"este milagro no fue hecho por nuestro poder o santidad".** En esencia lo que dijo fue: "somos nada, somos solamente hombres. Este milagro no fue hecho por nosotros; el Dios de Abraham, Isaac y Jacob ha glorificado a su hijo el Señor Jesucristo". (Ver 13)

Luego en el versículo 16, agrega: **Y su Nombre, y la fe puesta en el, ha sanado a este hombre que ustedes ven sano y fuerte: Y la fe que es por él le ha dado completa sanidad en presencia de todos ustedes.**

¡En su nombre hay sanidad, liberación y salvación!

7

PARA UTILIZAR EL NOMBRE LEGALMENTE SE DEBE ESTAR "¡CASADO!"

Y después que apareció en forma humana, se humilló a sí mismo (aun más) y llevó su obediencia al extremo de sufrir la muerte, ¡y muerte de Cruz!

Por lo tanto, (Por cuanto se humilló tanto) Dios lo exaltó hasta lo máximo, y le confirió un Nombre que está por sobre todo nombre.

Para que en el Nombre de Jesús se doble toda rodilla, en el cielo, en la tierra y debajo de la tierra.

Filipenses 2:8-10

Me gustaría hablarle del Nombre de Jesús y la oración, pero antes quiero compartirle algo que el Señor me enseñó hace varios años.

En ese tiempo consideraba porqué el Nombre de Jesús parecía no producir los resultados poderosos que había visto en el libro de los Hechos. Oraba y tomaba Autoridad sobre el enemigo en su Nombre, pero los resultados no eran los que yo esperaba.

Estudié el tema del Nombre en la carta de Pablo a los Filipenses, cuando llegué a los versículos que me revelaron una importante verdad. Primero, Jesús fue extremadamente obediente y luego y por lo tanto, se le concedió el Nombre que es sobre todo nombre, el cual aun hoy tiene tan tremendo poder que cuando es pronunciado, hace doblar toda rodilla en el cielo, en la tierra y debajo de la tierra:

El Señor me dio este ejemplo: "Joyce, cuando te casaste con Dave, recibiste su nombre, el nombre Meyer con todo lo que él significa".

Me recordó que yo puedo usar el nombre de mi esposo Dave Meyer y obtener los mismos resultados que él mismo obtendría si estuviera conmigo. Aun puedo ir al banco y obtener dinero de Dave Meyer, porque cuando dos personas están casadas son uno solo y todo lo que el uno posee le pertenece también al otro.

En el matrimonio lo que uno de los creyentes tiene es pertenencia del otro. Si yo tengo un problema, mi esposo lo tiene. Si es él quien lo tiene, lo tenemos los dos. Al casarnos llegamos a ser uno solo y yo adquirí el derecho legal de llevar su nombre. Yo no tenía ese derecho mientras planeábamos casarnos, lo tuve sólo cuando nos casamos.

Mediante este ejemplo de la vida cotidiana, el Espíritu Santo me enseña que aunque tenía una relación con el Señor, ésta era más un noviazgo que un matrimonio. Me gustaban las " citas" con él, por así decirlo, pero cuando la "cita" terminaba quería seguir mi propio camino. No estaba lista todavía para una relación integra con él. Había muchas áreas de mi vida a las cuales él quería entrar, pero yo me las estaba reservando. No todo lo mío era suyo. Yo quería tener al Señor, tener su favor y sus bendiciones pero no quería darle todo lo que yo soy. Una gran parte de lo que yo era me lo reservaba para mí misma.

Aunque mi obediencia para él crecía el Señor utilizó este pasaje en Filipenses para mostrarme que yo no había tomado todavía la decisión de ser totalmente obediente como dice la Escritura que fue Jesús cuando recibió el Nombre que es sobre todo nombre.

¿Esta usted casado con Jesús o solamente tiene "citas" con él? Son citas ocasionales o contactos serios. Recuerde que no puede usar legalmente el Nombre de Jesús hasta estar casado con él.

Jesús es el esposo y nosotros somos su desposada. Así es como Dios el Padre lo planeó y es la única manera en que su plan funcionará bien.

EL NOMBRE Y EL MATRIMONIO VAN JUNTOS

Por amor de Sion no callaré, hasta que salga como resplandor su justicia, y su salvación se encienda como una antorcha.

Entonces verán las gentes tu justicia, y todos los reyes tu gloria; y te será puesto un nombre nuevo, que la boca de Jehová nombrará.

Y serás corona en la mano de Jehová, y diadema del reino en la mano del Dios tuyo. (¿Estamos usted y yo en las manos de Dios, o tratamos de tener a Dios en nuestras manos?)

Nunca más te llamarán desamparada ni tu tierra se dirá más desolada; sino que serás llamada Hefzi- bá ("Mi deleite está en ella" AMP) Y tu tierra, Beula ("desposada" AMP) porque el amor de Jehová estará en ti, y tu tierra será desposada.

Pues como el joven se desposa con la virgen, se desposarán contigo tus hijos; y como el gozo del esposo con la esposa, así se gozará contigo el Dios tuyo.

Isaías 62:1-5 (RVR)

Aunque estas Escrituras no son una Palabra directa a los creyentes en forma individual, pienso que el principio es claro y puede transmitir una verdad y alentarnos con ella: nombre y matrimonio van juntos.

El Señor desea llamarnos su esposa y así como el joven esposo se goza y se deleita con ella, de la misma manera desea el Señor gozarse y regocijarse en nosotros. Al obedecerle en forma absoluta y vivir como casados, veremos el poder de Dios que obra al usar el Nombre de su Hijo Jesús.

ORAR EN EL NOMBRE DEL SEÑOR

Si algo pidiereis en mi Nombre yo lo haré.
Juan 14:14 (RVR)

El Nombre de Jesús no es una "palabra mágica" ni un encantamiento ritual que se añade al final de la oración para asegurar su efectividad. Para hacer nuestras oraciones efectivas, debemos conocer el significado real de orar en el Nombre del Señor.

En primer lugar debemos reconocer que toda oración guiada por el Espíritu Santo, implica orar de acuerdo a la voluntad de Dios y no según la voluntad humana. Y es imposible orar de acuerdo a la voluntad de Dios si desobedecemos su Palabra.

Muchas personas se engañan, y se confunden al tomar la Escritura fuera de su contexto o al escoger un versículo que les gusta sin considerarlo a la luz de otros pasajes que lo complementan.

Por ejemplo, Juan 14:14, el versículo que ya hemos leído en el cual Jesús dice: **"Si piden cualquier cosa en mi Nombre yo lo haré"** ¡Que tremenda declaración! Si pudiera sacarla de la Biblia y hacer que funcione, ¡qué vida la que yo podría tener! Por lo menos eso pensaba cuando era apenas una bebita en mi fe cristiana.

Cuando era una creyente inmadura, tenía muchos deseos egoístas y esperaba que Dios me los concediera. Estaba muy interesada en aprender a cualquier cosa que me ayudara a lograr lo que deseaba. Por lo tanto, cuando empecé a leer pasajes como este en Juan 14:14, los interpreté según mi deseo y como resultado perdí el debido balance.

Desde entonces he descubierto que un creyente carnal, oye con oídos carnales. No importa lo que se enseñe él lo oye de acuerdo a su nivel de madurez. Juan 15:7 es un buen ejemplo: Si permanecéis en mí, y mis palabras permanecen en vosotros, pedid todo lo que queréis, y os será hecho. (RVR) Yo recuerdo que estaba muy enamorada con este pasaje, pero no tanto con la parte que habla de permanecer, sino con la que habla de pedir lo que quisiera y obtenerlo. Poca cuenta me daba de que al aprender el verdadero significado de permanecer y crecer espiritualmente hasta el punto de vivir en comunión con Cristo, nuestra voluntad estaría unida (desposada) y entonces yo solo desearía lo que fuera su voluntad. Poco me imaginaba que entonces mi oración sería: "No se haga mi voluntad sino la tuya " Lucas 22:42

ORAR EN LA VOLUNTAD DE DIOS

Y esta es la confianza (la seguridad, el privilegio de la osadía) que tenemos en él (estamos seguros) que si pedimos alguna cosa conforme a su voluntad, (de acuerdo con su propio plan) él nos oye.

Y si sabemos (prácticamente) que él nos escucha en cualquier cosa que le pidamos, sabemos también (con terminante y absoluto conocimiento) que tenemos (que se nos han concedido) las peticiones que le hayamos hecho.
1 Juan 5:14-15

Hay muchas cosas que la Palabra nos muestra con claridad que son la voluntad de Dios, por las cuales ciertamente podemos pedir con toda confianza y sin ninguna duda de si están o no dentro de su voluntad. No obstante hay muchas otras en nuestra vida diaria sobre las cuales no la sabemos por lo que necesitamos orar para conocer exactamente cuál es esa voluntad en nuestra situación particular. Es en esas situaciones cuando debemos orar que haga su voluntad y no la nuestra.

Frecuentemente pido cosas en oración, pero si no tengo una base escritural para sustentar mi petición, le digo al Señor: "esto es lo que yo pienso que necesito por lo menos me parece que sería bueno para mí, pero Señor, si estoy equivocada por favor no me lo des "es tu voluntad la que quiero y no la mía".

Debemos considerar 1 Juan 5:14-15 junto con otros pasajes relativos a la oración. Si. Ciertamente Dios presta atención a las oraciones que se le dirigen en el Nombre de Jesús, pero no a las que están fuera de su voluntad.

El tiempo es otro factor relacionado con la respuesta a las oraciones. Podemos orar por alguna cosa que puede ser la voluntad de Dios, pero no veremos su manifestación hasta que sea el tiempo correcto en nuestras vidas.

Recuerde: ... **La fe es la certeza de lo que se espera, la convicción de lo que *no se ve.*** Hebreos 1:1 (RVR) Si usted tiene pasajes escriturales para sustentar sus peticiones, permanezca firme hasta que vea los resultados. Pero recuerde que la verdadera fe nos hace entrar en el reposo de Dios, de tal modo que esperar en Dios debe ser una experiencia agradable y no de frustración.

Cuando oramos en el Nombre de Jesús pidiendo algo que es la voluntad de Dios tomamos en realidad su lugar aquí en la tierra. Al utilizar su Nombre utilizamos el poder legal que nos ha dado. Al mismo tiempo él toma nuestro lugar en la presencia del Padre. Recuerde que cuando oramos en su Nombre no presentamos al Padre lo que nosotros somos sino todo lo que Jesús es.

En mateo 28:18-20 Jesús dijo a sus discípulos. "Toda potestad me ha sido dada en el cielo y en la tierra, por tanto, id y haced discípulos a todas las naciones, bautizándolos en el nombre del Padre, del Hijo y del Espíritu

Santo. Enseñándoles que guarden todas las cosas que les he mandado y he aquí yo estoy con vosotros siempre". (mi paráfrasis)

¿Cómo está Jesús siempre con nosotros? Por y mediante el poder de su Nombre.

Cuando lo invocamos, su presencia se manifiesta, se coloca a nuestra disposición. Todo ministro que en realidad desea la presencia de Dios en sus servicios, debe aprender a exaltar su Nombre, cantar cantos alusivos a él: hablar, predicar y enseñar sobre el maravilloso Nombre de Jesús.

El Padre se goza al reconocer el Nombre que él dio a su hijo, quien lo honró con su caminar en completa obediencia. Cuando usted y yo pronunciamos el Nombre de Jesús con labios llenos de fe, el Padre nos escucha. En su Nombre tenemos Autoridad sobre los demonios, la enfermedad, las dolencias, la necesidad y sobre toda forma de miseria.

NO SEA EGOISTA CON EL NOMBRE

Pero todas estas cosas provienen de Dios quien a través de Jesucristo nos reconcilió con él mismo (nos recibió en su gracia, nos puso en armonía con él) y nos dio el ministerio de la reconciliación (que por palabra y por obra pongamos a otros en armonía con él)

2 Corintios 5:18

Ante todo, exhorto y recomiendo que se hagan peticiones, oraciones, intercesiones acciones de gracias, por todos los hombres.

1 Timoteo 2:1

Creo que hay quienes han escuchado enseñar acerca del poder que tienen a su disposición en el Nombre de Jesús, que se ocupan sólo en esperar obtener todo lo que en su vida han deseado. Podemos y debemos ciertamente usar el Nombre en nuestro propio provecho, mientras que sea para realizar en nuestra vida la voluntad de Dios y no la nuestra. Sin embargo, hay otro aspecto de la utilización del Nombre que no queremos pasar por alto en este libro. Y es el de su uso en la oración a favor de otros.

Esto es realmente lo que los apóstoles hicieron en el libro de los Hechos. Jesús los envió investidos en su Autoridad y su Nombre y ellos estaban muy ocupados en ayudar a otros. No usaron el Nombre para conseguir una casa o un ministerio más grande... lo utilizaron para llevar salvación, sanidad, liberación y el bautismo del Espíritu Santo a todos aquellos por quienes Jesús murió, y que todavía no lo conocían. Predicaron con entendimiento y denuedo y multitudes fueron salvadas de la perdición. No utilizaron el Nombre para llenar su armario de ropa nueva, sino para vencer a Satanás quien trataba de impedir la obra de Dios en la tierra.

Veremos mayor poder de Dios en acción si usamos el Nombre de Jesús para vencer al demonio cuando trata de impedirnos obrar para Dios, en vez de usarlo para obtener bendiciones para nosotros.

En otras palabras, no debemos ser egoístas con el Nombre de Jesús. Debemos utilizarlo para el beneficio de otros y no solamente para nuestro propio beneficio.

El mundo en el cual vivimos está hoy en una condición desesperada. La mayoría de la gente no sabe cuán desesperada está, pero nosotros podemos ver lo que ellos no pueden, porque nosotros conocemos la Palabra de Dios. Yo veo personas que viven sólo el momento y me aflijo por ellos. Me siento movida a orar que Dios abra sus ojos para que puedan ver su verdadera condición.

Veo a nuestra juventud carente de enseñanza acerca de Dios y soy movida a pedir a Dios, en el Nombre de

Jesús, que levante líderes juveniles con poder, a quienes él pueda usar para hablar a esta generación. Líderes a quienes ellos respeten y que impacten sus vidas.

Usted y yo no tenemos que discutir y solucionar todos los problemas ¡Pero sí podemos hacer algo al respecto! ¡Podemos orar en el Nombre de Jesús!

Si usted ve a un joven drogado dando tumbos en la acera, no se limite a exclamar: "Qué lástima, ese muchacho como desperdicia su vida" ¡Ore! Ore en el Nombre de Jesús para que el diablo sea atado en esa vida y que Dios le envíe la persona adecuada, uno a quien él pueda escuchar para que le comparta el mensaje del Evangelio.

Esta clase de oración no toma mucho tiempo. Usted ve una necesidad y musita una oración en el Nombre de Jesús. Mucho se puede lograr en la tierra en la medida en que los creyentes empiecen a utilizar el Nombre del Señor Jesús sin egoísmo.

Recuerde que el infierno tiembla cuando un creyente que conoce su Autoridad invoca el Nombre con fe. Cuando esto ocurre, el cielo escucha y el infierno se estremece.

La intercesión por otros es una muestra de amor. En la lucha espiritual el diablo se esfuerza por atrapar al creyente en el egoísmo, y enfría su amor en el diario caminar, hasta perder su fervor. Deje todo juicio y toda crítica hacia los demás, y ore por ellos, lo cual significa actuar en amor.

Somos tentados a juzgar a quienes están en problemas, pero recordar de dónde vengo, lo que era, y lo que hacía antes de pasar veinte años asimilando la Palabra del Señor, me ayuda a no caer en ello. Por dos décadas mi vida ha sido diferente al contar con el poder del Espíritu Santo que obra en mí, día y noche.

Ame a la gente y ore por ella en el Nombre de Jesús. Hay dos ministerios que le han sido dados a todo creyente: el ministerio de la reconciliación y el de la intercesión. Dios nos abre la puerta para ayudar a otros a reconciliarse con él. Podemos orar por quienes vemos que se encuentran heridos o viven fuera de su voluntad.

8

LA OBEDIENCIA Y EL NOMBRE DE JESUS

Con toda solemnidad les aseguro que si alguno con determinación cree en mí, podrá hacer las cosas que yo hago y hará aun cosas mayores, porque yo voy al Padre.

Y haré, (yo mismo la haré) cualquier cosa que pidan en mi Nombre (como presentado ante el padre todo lo que YO SOY) para que el Padre sea glorificado y exaltado en (a través de) el hijo.

(Sí) Yo les concederé (yo mismo lo haré por ustedes) cualquier cosa que pidan en mi Nombre (Como presentando al padre todo lo que YO SOY)

Juan 14:12-14

He mencionado brevemente el papel de la obediencia en relación con la utilización exitosa del Nombre de Jesús, pero creo que será de ayuda exponer un poco más sobre el tema. Filipenses 2:8-10 nos dice que Jesús fue en extremo obediente y por lo tanto se le dio un Nombre que es sobre todo nombre, el cual posee tal Autoridad que a su sola mención tiene que doblarse toda rodilla en el cielo, en la tierra y debajo de la tierra, pero al considerar su Autoridad y su poder no olvidemos la obediencia que el pasaje también describe.

En Juan 14:12-14 que leímos anteriormente, Jesús nos asegura que hará por nosotros cualquier cosa que pidamos en su Nombre. Haga una pausa por un momento y considere de nuevo este pasaje. ¡Qué formidable promesa! Pero ahora prepárese para lo que dice el versículo 15: **Si realmente me aman, guarden (obedezcan)**

mis mandamientos. El versículo 16 describe entonces ¡el resultado de la obediencia! **Y yo rogaré al padre y les dará otro consolador (consejero, ayudador, intercesor, abogado, confortador, amigo fiel) para que permanezca con ustedes para siempre.**

Piense en lo que Jesús dice. Esto es lo que yo creo que él afirma en este pasaje: "Si ustedes creen y permanecen en mí, podrán hacer las mismas obras que me han visto hacer y aun más porque mi Espíritu obrará en cada uno de ustedes. Les doy poder en mi Nombre. Úsenlo para ayudar a la gente. Mi Padre les concederá las peticiones presentadas en mi Nombre, porque cuando ustedes oran en mi Nombre, presentan a mi padre todo lo que YO SOY. Si son realmente serios, y si me aman con sinceridad, entonces me obedecerán. Y si son serios y me obedecen, yo les enviaré al Espíritu Santo para ayudarles no solamente en el área de la obediencia, sino en todas las demás áreas de su vida".

Como dije, esto es lo que yo creo que podemos sacar en conclusión de estos versículos. Si escogemos sólo uno de ellos, podemos terminar con una verdad a medias y cuando tenemos medias verdades, terminamos siempre en total engaño y decepción.

¡La obediencia es lo importante!

Ahora, me doy cabal cuenta que (aparte de la ayuda del Señor) no tenemos en nosotros la habilidad para ser perfectos en obediencia, pero si hay en nosotros un corazón dispuesto a obedecer y hacemos lo posible, entonces el Señor enviará su Espíritu para lograr lo que nosotros no podemos

EXPERIMENTE LA LIBERTAD QUE JESUS COMPRO PARA USTED

Puesto que Cristo sufrió en la carne por nosotros, ármese con el mismo pensamiento y propósito (sufrir con frecuencia, en vez de desagradar a Dios) porque quien ha sufrido en la carne (teniendo la mente de Cristo) ha terminado con el pecado (intencional). (Ha dejado de agradarse a sí mismo y al mundo, para agradar a Dios).

Para no pasar el resto de su vida natural, viviendo para (sus) apetitos y deseos humanos, sino para hacer la voluntad de Dios.

1 Pedro 4:1-2

No sugiero que el poder del Nombre de Jesús no operara si no hay perfecta obediencia. Puntualizo en que ese poder no será activado en alguien que no persigue el blanco del supremo llamamiento en Cristo Jesús (Filipenses 3:14 RVR) el cual es la madurez, y ésta requiere total obediencia. Y la obediencia total requiere de una disposición a sufrir en la carne, si es necesario. Negarse así mismo algo que sabe que no es bueno con relación al propósito de conocer y hacer la voluntad de Dios.

Con frecuencia debemos sufrir con el fin de ser liberados del sufrimiento. Hay un sufrimiento piadoso y otro que no lo es. Durante años en mi vida sufrí por causas no buenas o piadosas: por depresión, por el odio, por desordenes emocionales de todo tipo, sufrimiento mental causado por la ansiedad, las preocupaciones y muchas otras desgracias similares.

Yo tuve que ser obediente a su Palabra para lograr experimentar la libertad que Jesús envío para mí. Su palabra me enseñó una nueva forma de vida. Por ejemplo, ella me dijo que debía perdonar y aún bendecir a todos los que me habían herido. Yo no quería hacerlo, mi carne gritaba: "¡No es justo!", pero el Espíritu Santo obró en mí. Continuó su enseñanza y me acercaba más a Jesús. Finalmente mi amor por el Señor Jesús creció hasta el punto de estar dispuesta a obedecer, aunque tenga que sufrir en la carne al perdonar y al bendecir.

A mayor tiempo de relación con el Señor debe seguir un crecimiento de su amor por él. Y mientras más lo ame, mayor debe ser su obediencia.

EL NOMBRE DE JESÚS ES PODER

Y la fe que es por él ha dado a este hombre completa sanidad.

Hechos 3:16 (RVR)

El Nombre de Jesús es poder. Ningún padre amoroso le entregaría poder a un bebé porque sabe que éste se causaría daño a sí mismo. Los padres no rehusan darle poder a sus hijos por herirlos sino por su seguridad. Nuestro Padre Celestial obra de la misma manera. Él nos dice lo que tiene disponible para nosotros, y luego mediante su Espíritu nos ayuda a madurar hasta el nivel en que podamos manejar lo que él desea darnos.

Yo creo que el poder en el Nombre de Jesús es ilimitado. Yo también creo que nuestro Padre Celestial nos lo da cuando sabe que lo utilizamos en forma apropiada.

EL PODER SE LE CONFIA A LA MADUREZ

Revestidos con amor, crezcamos en todas formas y todas las cosas en él, quien es la cabeza Cristo (El Mesías y el Ungido).

Efesios 4:15

Mi esposo y yo hemos experimentado en nuestras propias vidas que nuestro ministerio se ha multiplicado de manera gradual, año tras año y nosotros también. Yo puedo decir con seguridad que el tamaño y el poder de nuestro ministerio se ha incrementado en directa proporción a nuestro crecimiento personal en el Señor.

Veo más resultados ahora, más manifestaciones del poder de Dios al orar o invocar el Nombre del Señor, que hace veinte años. Se ha producido un incremento gradual y continuo y espero que esa tendencia continúe mientras estemos en esta tierra. Mi esposo suele decir que "el método de Dios es lento pero firme y seguro, y el del diablo es rápido pero frágil".

Después de leer este libro sobre la Palabra, el Nombre y la Sangre, tendrá un conocimiento que no tenía antes y estará ansioso de utilizarlo. Yo lo animo para que lo haga, pero también para que no se sienta frustrado o confundido si no obtiene el cien por ciento de los resultados inmediatamente. Esté dispuesto a crecer a nuestros niveles de madurez y obediencia.

Pídale al Espíritu Santo que empiece a revelarle las áreas que bloquean el poder de Dios en su vida. Que le muestre en cuáles hay egoísmo y engaño. Tome en serio su vida de oración y su crecimiento.

No piense que este conocimiento sobre el Nombre del Señor Jesús es algo que Dios puso en sus manos para ayudarle a que tenga todo lo que quiera en la vida. El lo hace ciertamente y nos concederá los deseos de nuestro corazón. (Salmo 37:4) Pero el deseo de su corazón es que usted y yo tomemos en serio nuestra relación con él.

Cuando Jesús empezó a hablar con sus discípulos del privilegio de orar en su Nombre y recibir respuesta a sus peticiones él dijo: "Solemnemente les digo...". Yo creo que el poder de Dios es una solemne responsabilidad. Su poder no es un juguete, no está para entregárselo a personas que sólo jueguen, sino a aquellos que, con toda seriedad, están listos a armonizar con el plan que Dios tiene para sus vidas. Creo que usted es una de esas personas, de lo contrario no habría llegado hasta aquí con la lectura. Por lo tanto, en la medida en que crece y madura en Cristo, puede esperar nuevas y emocionantes dimensiones en su diario caminar con el Señor.

MANTÉNGASE EN GUARDIA CONTRA LA TENTACION

Todos ustedes deben mantenerse despiertos (poner estricta atención, estar cautelosos y activos y velar y orar para que no entren en tentación). El espíritu ciertamente está dispuesto, pero la carne es débil.

Mateo 26:41

Podría extenderme al mencionar las áreas en las cuales necesitamos ser obedientes a Dios y no lo somos. En nuestros pensamientos, palabras, hábitos, actitudes, nuestra forma de dar y compartir, etc. El Espíritu Santo está en nosotros para revelarnos la verdad (Juan 16:13). El obra siempre para armonizar nuestras vidas en forma progresiva, con la perfecta voluntad de Dios. Podemos confiar en que Dios moldeará y vivificará las áreas en las cuales no somos obedientes y aún aquellas en las que somos tentados a desobedecer. No desobedecemos sin haber sido antes tentados a hacerlo; luego caemos en la tentación en vez de resistirla.

En el Jardín de Getsemaní, Jesús animó a sus discípulos a orar para no caer en tentación. Nuestro Señor sabía que la tentación estaba en camino. Que su fin se acercaba. Sabía que Satanás había maquinado con intensidad sobre el tiempo de su nacimiento para mandar asesinar a todos los niños menores de dos años (Mateo 2:16). De igual manera, era de su conocimiento que Satanás se disponía ahora a luchar y a lanzar su último ataque no solo contra él, sino contra sus discípulos, porque el fin había llegado. Jesús estaba a punto de concluir la obra que el Padre le había encargado. De dar la mayor demostración de total obediencia, aun hasta la muerte (Filipenses 2:5).

Yo también creo que su ministerio y el mío aquí sobre la tierra está próximo a su fin. En mi opinión, el fin de todas las cosas está cercano. La segunda venida de Cristo se apresura y sabemos que la lucha espiritual se incrementará. Tal como Jesús animó a sus discípulos a orar para no entrar en tentación, yo lo animo a hacer lo mismo. Tan pronto como la sienta, ore en su Nombre para no caer en ella.

La Biblia dice que la tentación debe venir (Juan 16: 33). No podemos evitar que llegue, pero si podemos orar para superarla. Jesús les dijo a sus discípulos que oraran con este fin (Mateo 6:13 y Marcos 14:35). Les dio su Nombre para orar. (Juan 14:14; 15:16) Piense cuánto más efectivos podemos ser al utilizar su Nombre.

Si. Enfrente en el Nombre de Jesús todas esas tentaciones contra las cuales tiene que luchar y estoy segura que tendrá buenos resultados. Usted no tiene que pelear solo sus batallas. Hay poder en el Nombre de Jesús. ¡Úselo!

9

¿QUE HAY EN UN NOMBRE?

Y dará a luz un hijo y llamarás su nombre Jesús (la forma Griega del nombre Hebreo Josué, que significa Salvador) porque él salvará a su pueblo de sus pecados (esto es, evitará su fracaso y que pierdan el verdadero propósito de la vida, el cual es Dios).

Todo esto aconteció para que se cumpliese lo que el Señor había hablado a través del Profeta,

He aquí, la Virgen concebirá y dará a luz un Hijo y llamarán su nombre Emmanuel, el cual traducido significa: Dios con nosotros.

Mateo 1:21–23

Cuando el ángel del Señor se apareció a José y le dijo que no tuviera temor de recibir a María como su esposa, aunque estaba en cinta, claramente le dijo que el niño concebido en su vientre era del Espíritu Santo. El ángel también le dijo cual sería su Nombre. Un Nombre que describía a la persona. "Llamaras su Nombre Jesús, porque él salvará a su pueblo de sus pecados". En otras palabras, ponle un Nombre de acuerdo a la obra que va a realizar.

LOS NOMBRES TIENEN SIGNIFICADO

Por mi parte, he aquí mi pacto (mi solemne promesa) es contigo y tú serás padre de muchas naciones.

Y no será mas tu nombre Abram (padre enaltecido) sino que será tu nombre Abraham (padre de multitudes) por que te he hecho padre de muchas naciones.

Y dijo Dios a Abraham : en cuanto a Saraí tu esposa, no la llamarás mas Saraí, sino Sara (Princesa) será su nombre.

Y la bendeciré y te daré un hijo de ella. Sí, la bendeciré, y será madre de naciones; reyes de pueblos saldrán de ella.

Génesis 17:15, 15 y 16

Los nombres significaban mucho más para las personas que vivieron en los tiempos Bíblicos que lo que significan para la mayoría de nosotros en el día de hoy. Aun en los comienzos de la historia bíblica vemos que los nombres eran de suma importancia, porque ellos describían el carácter de la persona.

En Génesis 17 notamos que Dios les dio a Abram y a Sarai nombres nuevos: Porque él estaba cambiando algunas cosas en sus vidas, les dio nombres que enunciaban en que consistían esos cambios. Ellos conocían bien la importancia de los nombres, y cuando Dios cambio los suyos, estaban bien conscientes de lo que esto significaba. Al cambiar sus nombres el Señor comenzó a ... **llamar las cosas que no son como si fuesen.** (Romanos 4:17, RVR).

La traducción de La Biblia Amplificada de Romanos 4:17 que hace referencia a estos pasajes de Génesis dice lo siguiente: Como está escrito, te he hecho padre de muchas naciones (él fue hecho nuestro Padre) a la vista de Dios en quien él creyó, quien da vida a los muertos y habla de las cosas inexistentes (las cuales él anunció y prometió)como si (ya) existiesen.

En Génesis 17:19 Dios dijo a Abraham: **Sara tu esposa tendrá ciertamente un hijo y llamarás su nombre Isaac (risa) y estableceré mi pacto o solemne promesa con él, mi pacto eterno con él y con su descendencia.**

¿Que hay en un nombre? Muchísimo más de lo que pensamos. Cuando llamamos a una persona por su nombre, hacemos una declaración sobre ella. Al llamar Sara, a Sarai, Abraham y todos cuantos pronunciaban su nombre le ayudaban a cambiar su propia imagen.

Sarai era una mujer estéril, quien probablemente tenía una pobre imagen de sí misma por cuanto no había podido darle un hijo a su esposo. Su edad era avanzada y de acuerdo a las leyes naturales no había esperanza de que su situación fuera diferente, pero Dios cambió su nombre. Cada persona que la llamaba Sara declaraba que ella era una princesa. Seguramente ella comenzó a mirarse así misma de manera diferente. Debe haber sentido la fe que brotaba en su corazón. Al llamarla Sara o Princesa, como Dios la llamó, ellos literalmente le estaban ... **llamando las cosas que no son como si fuesen.** (Romanos 4: 17 RVR).

Lo mismo ocurrió con Abram cuyo nombre fue cambiado a Abraham.

A través de la Biblia encontramos otros ejemplos de esta verdad. En Génesis 33: 27 y 28 vemos a un ángel que luchaba con Jacob y este es el resultado de su encuentro: **El hombre le pregunto: ¿Cuál es tu nombre? Y (con conciencia culpable, como si dijera un secreto) musitó; Jacob (suplantador, intrigante, tramposo, timador)! Y él dijo: No se llamará más tu nombre Jacob (suplantador) sino Israel (que contiende con Dios) porque has contendido con Dios y con los hombres y has prevalecido.**

Esto nos ayuda a entender qué es lo que hacemos cuando, pronunciamos el Nombre de Jesús. Es más que un nombre, el cual declara su carácter, lo que él vino a hacer, lo que él ha alcanzado. Como lo afirma el evangelio de San Juan, "Su Nombre declara todo lo que él es".

(Juan 14:13; 15:16 AMP). ¡Su Nombre es su representación!

LOS NOMBRES SON IMPORTANTES

Y agradó a Dios, que me apartó desde el vientre de mi madre y me llamó por su gracia.

Revelar a su Hijo en mí para que yo le predicase entre los gentiles

Gálatas 1:15 y 16

Fue interesante descubrir en mi propia vida el significado de mi nombre. La mayor parte del tiempo había sido llamada Joyce, que es mi segundo nombre, pero el primero es paulina, precisamente en el tiempo que comencé a enseñar la palabra de Dios y reflexionaba sobre la validez del llamado de Dios en mi vida, él hizo los arreglos para que yo descubriese el significado de mi nombre.

Paulina se deriva de Pablo. Según definición de la concordancia de Strong, el nombre del apóstol Pablo significa "pequeño"[2] y él fue un predicador. Por lo tanto, algunos lo han llamado "el pequeño predicador". Las epístolas que escribió son llamadas "Paulinas" Joyce, mi segundo nombre, significa "gozosa"[3] Por lo tanto, mi nombre completo se podría traducir como "la pequeña predicadora gozosa".

Este conocimiento sobre el cual Dios dirigió mi atención en un tiempo clave en mi vida fue un gran motivo de ánimo para mí. Hasta ese entonces tuve muchas dudas sobre el área de la predicación en mi ministerio y

---

2 James Strong's Esxhaustive Concordance of the Bible. (Vahville: Abingdon, 1980) Greek Dictionary of the New Testament, p. 56, emtry # 3972.

3 Dorothea Austin, The name Book (minneapolis: Bethany House 1982) p. 189.

debía experimentar todavía la realidad de un espíritu de gozo.

Piense en ello, Dios nos llama desde que estamos en el vientre de muestra madre. El ya sabe con exactitud la senda que tomamos en la vida. Como en mi caso, muchas veces el Señor escoge aun el nombre de aquellos a quienes él llama. Aunque mis padres no buscaron la dirección de Dios en este asunto, yo creo que el escogió mi nombre. Cada vez que ellos o cualquiera otro pronunciaban mi nombre, ayudaban a establecer mi destino.

Generalmente cuando la gente lee algo así, la primera cosa que hace es consultar un libro con las definiciones de los nombres. Descubren que el significado de su nombre, a veces les gusta y a veces no. Si a usted no le gusta el significado de su nombre, o siente que no va con usted, no se preocupe por eso. Como creyente lleva el Nombre de Jesús, el Nombre que es sobre todo nombre. Así que regocíjese en el conocimiento y no caiga en la tentación de desanimarse.

Todos nosotros tenemos un hábito de llamar a las personas por apodos. Bien acortamos su nombre o lo hacemos que suene un poco diferente, o lo llamamos con otro nombre porque pensamos que describe su apariencia o personalidad. Algunas veces los apodos que damos a otros no tienen ningún significado excepto quizá que son bonitos o distintivos.

Mi esposo y yo tenemos una hija llamada Sandra cuyo significado es "ayudadora"[4]. Aunque cuando elegimos su nombre no conocíamos su significado, eso es exactamente lo que ella es: una ayudadora. Ella es quien maneja la parte de la ayuda en nuestro ministerio, cuando viajamos y tenemos reuniones en otras ciudades. En

4 Dorothea Austin, Teh name Book (minneapolis, Bethany House, 1982) p. 300.

el hogar ayuda con todas las cosas de la A a la Z, cuida de sus hermanos y ayuda a mi tía que es viuda. Le encanta ayudar a la gente.

En los primeros años de su vida le pusimos el apodo de Sam. Yo no sé lo que ese nombre significa pero, cuando supe el significado de Sandra traté de llamarla siempre por su nombre y no por otro que no tiene nada que ver con su llamado en la vida. En ocasiones alguien de la familia la llama todavía Sam y eso está bien. Quizá usted tenga un apodo u otro nombre que no le va bien con su personalidad o su ministerio. No le presento una nueva ley a la cual tenga que someterse, sino un principio que espero le ayude a ver la importancia de los nombres; en particular los nombres bíblicos, y muy en especial los nombres divinos.

¡YO SOY DIOS!

Ven, por tanto, ahora, y te enviaré a Faraón, para que saques a mi pueblo Israel de Egipto.

Y Moisés le dijo a Dios ¿Quién soy yo para que saque a los hijos de Israel de Egipto?

Dios le respondió: Yo estaré contigo, y te será por señal de que yo te he enviado, cuando saques al pueblo de Egipto serviréis a Dios en este monte (Horeb o Sinaí).

Dijo Moisés a Dios: He aquí cuando llegue yo a los hijos de Israel y les diga: El Dios de nuestros padres me ha enviado a vosotros, si ellos me preguntaren: ¿Cuál es su nombre? ¿qué les responderé?

Y respondió Dios a Moisés: YO SOY EL QUE SOY, SOY LO QUE SOY Y SERÉ LO QUE SERÉ Y dijo: esto dirás a los Israelitas: YO SOY, me ha enviado a vosotros.

Exodo 3:10-14

Yo he examinado por largo tiempo estos versículos. Para mi son pasajes escriturales grandiosos que contienen mucho más de lo que podemos percibir. ¿Qué quiso decir Dios al referirse así mismo como el YO SOY?

Porque no hay manera de describirlo en forma apropiada, ¿cómo podemos describir a alguien que lo es todo y envolverlo en un nombre?

Moisés le hizo a Dios una pregunta sobre su identidad, y sin duda el Señor no quiso entrar en una larga disertación acerca de la misma. Se limitó a decirle: "Diles que YO SOY te ha enviado". Por vía de explicación él precedió su declaración con "YO SOY EL QUE SOY, LO QUE SOY, Y LO QUE SERÉ".

Siendo honesta, pudo sentir la unción de Dios sobre mí mientras escribo estas palabras. ¡Hay poder en su Nombre!

Fue como si Dios le dijera a Moisés: "No tienes que preocuparte de faraón o de cualquier otro. YO SOY capaz de cuidarme de cualquier cosa que encuentre. YO SOY todo lo que tú necesitas. O bien lo tengo, o lo obtengo. Si no existe yo lo crearé. Lo tengo todo cubierto y bajo control, no sólo ahora sino por la eternidad. ¡Relájate!"

YO SOY JESUS

Enseguida hizo que los discípulos entraran en la barca, y fueran adelante de él al otro lado, mientras despedía a la multitud.

Y cuando despidió a la multitud, subió al monte solo a orar.

Y cuando anocheció, estaba todavía allí solo.

Pero a esta hora, la barca estaba mar adentro a muchos estadios (un estadio es la octava parte de una milla), de distancia de la orilla, sacudida y agitada por las olas, por que el viento les era contrario.

Y en la cuarta vigilia (entre las 3:00 y las 6:00 de la madrugada) Jesús vino a ellos andando sobre el mar y cuando los discípulos lo vieron andando sobre el mar se atemorizaron y dijeron: ¡Es un fantasma! y dieron gritos de miedo. Pero al instante él les habló diciendo: ¡Tengan ánimo! ¡YO SOY! No tengan miedo!

Mateo 14:22-27.

Jesús respondió a sus discípulos de la misma manera en que Dios respondió a Moisés.

Debería ser suficiente saber que el Señor está con nosotros y que él es todo lo que necesitamos, ahora y para siempre. Realmente él es tanto y tan grande que en las crisis no tiene tiempo para definirse con cabalidad así mismo.

Yo encuentro que el Señor se revela de diferentes maneras, en diferentes ocasiones. Lo hace de acuerdo a nuestra necesidad.

En el libro de Elmer L. Towns Los nombres de Jesús se registran más de 700 nombres, títulos símbolos, símiles, descripciones y designaciones bíblicas usados en referencia a Jesús. Cada uno de ellos describe o hace un cuadro de algún aspecto de su carácter.

Por ejemplo Apocalipsis 1: 8 declara que el es **el Alfa y la Omega.** O sea el primero y el último, el principio y el fin. Indica que él siempre ha sido y siempre será.

Isaias 53: 1, dice que él es **el brazo del Señor.** Es Jesús quien nos alcanza en el pozo en que nos encontramos y nos levanta y establece en terreno firme.

En Marcos 6:3 se le llama **el carpintero** me gusta este nombre de Jesús porque un carpintero construye casas, y yo soy ahora el tabernáculo o la casa del Espíritu Santo. Jesús construye mi vida, me construye a mi mismo. Ha puesto las bases y construirá el edificio. Cuando pienso en él como el carpintero de mi vida, me libera de la presión de construirla yo mismo.

Voy a darle una lista de citas en la Biblia, Versión reina Valera Revisada, de algunos nombres, títulos y referencias a Jesús, que son mis favoritos:

Consejero: (Isaías 9:6 referencia profética)

El Fin de la Ley: (Romanos 10:4)

Fiel y Verdadero: (Apocalipsis 19:11)

El Precursor: (Hebreos 6:20 considere: él es el precursor quien va adelante y abre camino donde no existía)

La Cabeza de todo Principado y Potestad: (Colosenses 2:10)

Mi Ayudador: (Hebreos 13:6)

Nuestra Esperanza: (1 Timoteo 1:1)

El Justo: (Hechos 7:52)

Rey de Reyes: (Apocalipsis 19:16)

Rey de Paz: (Hebreos 7:2. Referencia profética)

Rey de Justicia: (Hebreos 7:2 Referencia profética)

El Cordero Inmolado desde el Principio del Mundo: (Apocalipsis 13:8)

La Vida: (Juan 14:6)

El Pan de Vida: (Isaías 53:3 Referencia profética)

Un Nombre que es sobre todo Nombre: (Filipenses 2:9)

Ungüento Derramado: (Cantares 1: 3 Referencia Profética)

Médico: (Lucas 4:23)

El Poder de Dios: (1ª de Corintios 1:24)

De Rápido Entendimiento: (Isaías 1:3 Referencia profética)

Fuego Purificador: (Malaquías 3:2 Referencia profética)

La Resurrección y la Vida: (Juan 11:25)

El mismo Ayer y Hoy y por los Siglos: (Hebreos 7:8)

Salvador : (Tito 2:13)

El Hijo de Dios: (Juan 1:51)

El Hijo del Hombre: (Juan 1:51)

La Entrañable Misericordia de Nuestro Dios: (Lucas 1:78)

La Verdad: (Juan 14:6)

Quien Sustenta Todas las Cosas con la Palabra de su Poder: (Hebreos 1:3)

El Camino: (Juan 14:6)

La Palabra de Dios: (Apocalipsis 19:13)

La Palabra de Vida: (1 Juan 1:1)

Si usted lee esta lista detenidamente y piensa en cada uno de estos nombres, verá fácilmente que cada uno de ellos provoca de inmediato una comprensión de algo especial que Jesús es para nosotros. Su Nombre revela quien es él, su carácter y lo que ha hecho

Una mirada a los nombres de Jehová usados en el Antiguo testamento nos muestra lo mismo. En Génesis 22:14 él es Jehová - Jireh, que significa: El Señor Proveerá. En Exodo 17: 15 el es Jehová - Nisi el Señor es nuestra bandera. En Exodo 15 - 26 es Jehová - Rapha el Señor que te sana. En el Salmo 23: 1 es Jehová - Rohi el Señor es mi Pastor. En Jueces 6: 24 es Jehová -

Shalom el Señor es nuestra paz. En Ezequiel 48: 35 el es Jehová - Shemma el Señor esta allí. En Jeremías 23: 6 él es Jehová Tsikenu el Señor es nuestra justicia.

Al Padre también se le menciona como:

Mi Defensa: Salmo 94:22

Mi Libertador: Salmo 40:17

Tu Galardón sobremanera Grande: Génesis 15:1

Mi Padre: Salmo 89:26

Padre de Huérfanos: Salmo 68:5

Mi Gloria: Salmo 3:3

Salvación mía y Dios mío: Salmo 42:11

Mi Refugio: Salmo 32:7

Tu Guardador: Salmo 121:5

El Rey Eterno, Inmortal, Invisible: 1 Timoteo 1:17

El que Levanta mi Cabeza: Salmo 3:3

El Señor poderoso en Batallas: Salmo 24:8

El Altísimo: Salmo 9:2

Sustentador de tu Vejez: Rut 4:15

La Senda de Vida: Salmo 16:11

Un Lugar de Refugio: 4:6

Mi Porción: Salmo 119 - 57

Refugio para el Pobre y Angustiado: Salmo 9:9

La Roca más alta que Yo: Salmo 61:2

El Refugio Salvador de su Ungido: Salmo 28:8

Mi Canción: Isaías 12:2

La Fortaleza de mi Vida: salmo 27:1

Fortaleza en el día de la Angustia: Nahúm 1:7

Nuestro Pronto Auxilio en las Tribulaciones: Salmo 46:1

Hay muchos otros nombres descriptivos del Padre, pero estos son algunos con los que estoy más familiarizada. Su nombre hebreo es Jehová que significa el Señor, y fue el nombre más respetado en el antiguo testamento. Pero las varias facetas de su carácter se expresan en los nombres que lo describen con amplitud.

Según el libro de Elmer Towns, Los Nombres de Jesús, el nombre, el nombre "Jehová" era tan respetado que cuando los escribas copiaban las Escrituras y llegaban a él, cambiaban sus ropas y se procuraban pluma nueva y tinta fresca para escribirlo. Rehusaban aun pronunciarlo al leer las Escrituras y los sustituían por la Palabra hebrea *Adonai*[5].

Personalmente me gustaría ver que algo de ese respeto por el Nombre del Señor se recuperara en la iglesia en el día de hoy. Existe una definida necesidad de mostrar mayor respeto por el Nombre de Dios, aunque no se exprese de la misma manera que en los días del Antiguo Testamento.

El Señor es el Siempre-Presente YO SOY. Siempre con nosotros. Todo lo que necesitamos en el presente, o necesitemos en el futuro. Su Nombre es Jesús y tiene tal poder que somos incapaces de comprender. Nuestras mentes humanas finitas no pueden expandirse lo suficiente para empezar siquiera a comprender lo ilimitado del poder con que ha sido investido su glorioso Nombre. Cuando lo pronunciamos - "JESÚS" - al instante su poder está a nuestra disposición.

---

5 *Elmer L. Towns Los nombres de Jesús (Denver Accent Publication, 1987) pág. 112.*

El poder del demonio y todas sus huestes no puede resistir su Nombre maravilloso ¡Úselo! El Señor se lo ha dado para que lo use. Úselo contra el enemigo. Úselo para su propio beneficio y para bendecir a otros. Úselo para darle gozo al corazón del Padre.

Hay poder en el Nombre de Jesús! En su Nombre, que es sobre todo nombre, se doblará toda rodilla!

TERCERA PARTE
LA SANGRE

10

¡SANGRE PRECIOSA!

Porque cuando Moisés leyó al pueblo todos los mandamientos de la Ley, tomó la sangre de los becerros y de los machos cabríos junto con agua y lana escarlata y un hisopo y roció el libro (el rollo del Pacto y de la Ley) y a todo el pueblo, diciendo estas palabras:Esta es la sangre que sella y ratifica el acuerdo (el Testamento, el Pacto) el cual Dios me ordenó para vosotros.

Hebreos 9:19-20

La Palabra de Dios no tiene poder para el creyente que no posee una clara comprensión en relación con la sangre.

Oí hace poco de un hombre que miraba mi programa de televisión. Al escucharme hablar sobre la sangre preguntó a su esposa: ¿Qué quiere decir ella cuando menciona "la sangre?" Para él es difícil comprender ésto cuando escucha el Evangelio. Necesita enseñanza y revelación concerniente a la sangre de Jesús y lo que ella ha hecho por él. Necesita "que la sangre sea rociada sobre él y sobre el libro" para poder experimentar la Palabra de Dios que se abre de verdad para él.

Hebreos 9:19-20 que ya hemos leído, comprueba esta necesidad en la vida de las personas. Bajo el Antiguo Pacto, cuando se leía el libro de la Ley, el libro y el pueblo eran rociados con sangre. Esta era una manera de sellar y ratificar el testamento o pacto entre Dios e Israel.

El Nuevo Pacto siempre ofrece una manera mejor, una nueva forma de vida. Bajo el Nuevo Pacto no tenemos que rociar la sangre de animales sobre nosotros o sobre la Biblia antes de leerla, pero sí necesitamos una comprensión en relación con la Sangre de Jesús que ha sido derramada por nosotros, la cual selló y ratificó el Nuevo Pacto que tenemos ahora con Dios. El hecho de que usted lea este libro, muestra que el Espíritu Santo lo guía para obtener una revelación en su vida relativa a la Sangre de Jesús.

El tema de la Sangre se repite en toda la Biblia. Habla de ella desde Génesis hasta Apocalipsis. En Génesis 4:10 vemos la sangre de Abel que clama a Dios desde la tierra después de su asesinato a manos de Caín, y en Apocalipsis 19:13 vemos a Jesús con un manto teñido en sangre. Al estudiar con cuidado la Palabra de Dios encontramos la sangre por todas partes. ¿Por qué? Porque según las Escrituras, la vida está en la sangre.

LA VIDA ESTA EN LA SANGRE

Porque la vida de la carne en la sangre está, y yo os la he dado para hacer expiación sobre el altar por vuestras almas; y la misma sangre hará expiación de la persona.
Levítico 17:11 (RVR)

Así como la luz es lo único que puede triunfar sobre las tinieblas, así la vida es lo único que puede triunfar sobre la muerte.

Cuando Dios creó a Adán, lo formó del polvo de la tierra y sopló en su nariz el aliento o espíritu de vida y fue un ser viviente. (Génesis 2:7)

Adán ya tenía sangre pero no tuvo vida hasta que Dios sopló en él Su propia vida. La sustancia química que llamamos sangre, contiene la vida. Si una persona pierde su sangre, pierde la vida. La carencia de sangre significa carencia de vida, porque la sangre contiene la vida.

La vida es una substancia espiritual pero debe contener un agente físico que la transporte o contenga. La sangre conduce o contiene la vida de Dios, porque él es la vida.

11

¿QUE ES LO ESPECIAL EN LA SANGRE DE JESUS?

Por lo tanto, el Señor mismo les dará una señal: He aquí la joven virgen concebirá y dará a luz un hijo, y llamarán su nombre Emmanuel (Dios con nosotros).

Isaías 7:14

El nacimiento de Jesús no fue corriente; él nació de una virgen. Tuvo por madre a una mujer pero su Padre es el mismo Dios. El nacimiento virginal de Jesús es de vital importancia por causa de la sangre.

H. A. Maxwell Whyte en su libro El Poder de la Sangre dice con relación a la concepción sobrenatural de Jesús en el vientre de María:"El óvulo femenino no tiene sangre en sí mismo, ni la tiene el espermatozoide masculino. Cuando los dos se juntan en la trompa de Falopio ocurre la concepción y comienza una nueva vida. Las células sanguíneas en esta nueva creación provienen del padre y de la madre, y el tipo de sangre es determinado en el momento de la concepción y protegido posteriormente por la placenta contra cualquier flujo de la sangre materna dentro del feto. La Biblia es explícita cuando afirma que el Espíritu Santo fue el agente Divino que causó la concepción de Jesús en el vientre de María. Por lo tanto, ésta no fue una concepción normal, sino un acto sobrenatural de Dios al implantar la vida de Su Hijo preexistente, en el vientre de María sin mediar la unión natural de un espermatozoide masculino con el óvulo femenino de María. Como el tipo de sangre de Jesús fue de un tipo separado, especial y precioso, es inconcebible que María pudiera suplir parte de su sangre adámica al inmaculado Cordero de Dios. Toda la sangre del Hijo de Dios provino de Su Padre Celestial por un acto suyo, creativo y sobrenatural. Incontaminada y sin la mancha del pecado de Adán.

Adán fue creado sin pecado, la vida de Dios estaba en él, pero cuando le permitió al pecado entrar en su vida, éste pasó a cada ser humano, a cada descendiente suyo que llevara su sangre. Nadie puede escapar a esta realidad. El salmista David lo expresó bien en el Salmo 51:5: **...en maldad he sido formado y en pecado me concibió mi madre.** (RVR)

Jesús vino a redimir al hombre, a comprar su libertad, a restaurarlo a su estado original. ¿Cómo podría haberlo hecho si hubiese tenido sangre pecaminosa y contaminada? En primera de Corintios 15:45 se le llama a Jesús el último Adán. Así también está escrito: **Fue hecho el primer hombre Adán, alma viviente; el postrer (o último) Adán, espíritu vivificante.** (RVR)

Hay vida en la sangre de Jesús, y cuando es aplicada en forma apropiada, la vida en su sangre conquista y vence la muerte que obra en nosotros a través del pecado.

LA AUTORIDAD OTORGADA A ADAN

Entonces Dios dijo: Hagamos (Padre, Hijo y Espíritu Santo) al hombre a nuestra imagen y semejanza y démosle completa autoridad sobre los peces del mar, sobre las aves del cielo, sobre las bestias, sobre toda la tierra y sobre todo lo que se arrastra sobre la tierra.

Y creó Dios al hombre, a su propia imagen, a imagen y semejanza de Dios lo creó, varón y hembra los creó.

Y los bendijo Dios y les dijo: Fructifiquen, multiplíquense y llenen la tierra, sojúzguenla (utilicen todos sus vastos recursos para el servicio de Dios y del hombre) y ejerzan dominio sobre los peces del mar, las aves de los cielos y sobre toda criatura que se mueve sobre la tierra.

Génesis 1:26-28

Adán fue creado sin pecado, a la imagen de Dios. La intención y propósito de Dios fue que tuviese autoridad sobre todas las cosas que El había creado. Le dio esa Autoridad y le dijo que ejerciera dominio sobre la tierra y la sojuzgara.

El hombre debía gobernar bajo la Autoridad de Dios. Ser el agente físico del Espíritu de Dios en la tierra.

Pero Adán fue creado con una voluntad libre, con libre albedrío. Dios quería su obediencia y sumisión voluntarias y no forzadas, por lo tanto, lo creó con la capacidad de escoger y elegir.

Note que la Biblia dice que Adán podía usar todos los vastos recursos de la tierra para servicio de Dios y del hombre. Jamás se planeó que los usara primero para sí mismo en una forma egoísta. Debía ser dirigido, guiado y controlado en forma voluntaria por el Espíritu de Dios y ser un ministro al servicio de Dios, y para Dios

EL MANDAMIENTO DADO A ADAN

Y el Señor Dios tomó al hombre y lo puso en el jardín de Edén para que lo cuidara, lo guardara y lo conservara.

Y el Señor Dios mandó al hombre diciendo: Podrás comer libremente de todo árbol del huerto,

Pero del árbol del conocimiento del bien y del mal, de la bendición y la calamidad no comerás, porque el día que comieres de él, seguramente morirás.

Génesis 2:15-17

Si Adán hubiera dado a Dios lo mejor de sí mismo, su voluntad libre, Dios le hubiera dado lo mejor de sí, lo mejor de todas las cosas. Entrarían en una relación de pacto con él, y en ese pacto, ambos socios darían lo mejor de sí mismos. Sin embargo, ¡Adán cometió un error fatal! La autoridad que Dios le dio la entregó a Satanás. El Señor le otorgó libertad, Autoridad, y todo lo bueno que necesitaba para vivir una vida pletórica de paz, de poder, y de felicidad. Solo una cosa el Señor le dijo que no hiciera.

LA TENTACION DE ADAN

Pero la serpiente era más sutil y astuta que todas las criaturas vivientes del campo que el Señor había hecho. Y (Satanás) dijo a la mujer: ¿Puede ser que Dios les haya dicho que no coman de todo árbol que está en el huerto?

Y la mujer dijo a la serpiente: Del fruto de los árboles del huerto comemos, excepto el fruto del árbol que está en medio del huerto, del cual dijo Dios No coman de él, ni lo toquen, porque si lo hacen, morirán.

Pero la serpiente dijo a la mujer: No morirán, sino que Dios sabe que el día que coman de él, serán abiertos sus ojos y serán como Dios, conociendo la diferencia entre lo bueno y lo malo, entre la bendición y la calamidad.

Y cuando la mujer vio que el árbol era bueno (apropiado, placentero) para comer y que era hermoso a la vista y codiciable para alcanzar la sabiduría, tomó de su fruto y comió y dio también a su marido, quien comió con ella.

Luego los ojos de ambos fueron abiertos y conocieron que estaban desnudos; y cosieron hojas de higuera y se hicieron delantales.

Génesis 3:1-7

Adán hizo lo que Dios le dijo que no hiciera, y se convirtió en cautivo de Satanás quien lo indujo a quebrantar la Palabra de Dios. Al escuchar la voz del diablo en vez de la voz de Dios, le entregó la autoridad para gobernar la tierra. Autoridad que originalmente Dios le había dado al hombre.

Luego en el Nuevo Testamento, el evangelista Lucas registra lo que Satanás le dijo a Jesús mientras era tentado y probado durante cuarenta días en el desierto: **Entonces el diablo lo llevó a un monte alto y en un momento de tiempo (en un abrir y cerrar de ojos) le mostró todos los reinos del mundo habitado. Y le dijo: A ti te daré todo este poder y autoridad y su gloria (toda su magnificencia y excelencia, su preeminencia, dignidad y gracia) porque a mí me han sido entregados, y a quien quiero las doy.**

Lucas 4:5-6

El diablo dijo: "Todo dominio y autoridad sobre la tierra me han sido entregados y son míos." Dios le había entregado legalmente la tierra a Adán y él se la entregó a Satanás. En segunda de Corintios 4:4 leemos que Satanás es el Dios de este sistema mundano. Le fue entregado el dominio de la tierra, pero éste se acerca a su fin y él lo sabe.

Dios siempre ha contado con un plan para la redención de sus criaturas. Según W. E. Vine, los dos verbos griegos traducidos como redimir en el Nuevo Testamento, significan "comprar" o "comprar a..." al referirse a la compra de un esclavo para liberarlo...mediante el pago de un rescate. 2 Dios instituyó su plan tan pronto descubrió que Adán le había desobedecido.

LA CAIDA DE ADAN

Y oyeron al Señor Dios caminando en el huerto con la brisa del día, y Adán y su mujer se escondieron de la presencia del Señor entre los árboles del huerto.

113

Pero el Señor Dios llamó a Adán y le dijo: ¿Dónde estás tú?

Y él dijo: Te oí caminar en el huerto y tuve miedo porque estaba desnudo, y me escondí.

Y Dios le dijo: Quién te dijo que estabas desnudo? Has comido del árbol del cual te mandé que no comieses?

Y el hombre respondió: La mujer que me diste por compañera me dio del fruto del árbol y yo comí.

Entonces Dios dijo a la mujer: ¿Qué es lo que has hecho? Y la mujer dijo: La serpiente me engañó y yo comí.

Y el Señor Dios dijo a la serpiente: Por cuanto ésto hiciste, maldita eres entre todos los animales, y entre todas las bestias del campo; sobre tu vientre te arrastrarás, y comerás polvo (y su contenido) todos los días de tu vida.

Y pondré enemistad entre ti y la mujer y entre tu descendencia y la suya. Su descendencia herirá y hollará tu cabeza y tú la herirás en el calcañar.

Génesis 3:8-15

Yo creo que antes de pecar, Adán estaba vestido con la gloria de Dios. Tan pronto como él y Eva pecaron, fueron conscientes de su desnudez Podríamos decir que ellos perdieron su cobertura. Mientras obedecieron a Dios, estuvieron protegidos contra todo lo que el diablo quería hacerles a ellos y, por extensión, a Dios. Al ver lo que el diablo había hecho, de inmediato Dios anunció cual sería su castigo y cómo se ejecutaría.

En realidad Satanás no entendió lo que Dios dijo. No obstante, Dios lo afirmó y así ocurriría. "Pondré enemistad entre ti y la mujer, y entre tu descendencia y la suya. Su descendencia herirá y hollará tu cabeza, y tú le herirás en el calcañar." Hollar la cabeza significa pisotear, colocar bajo sus pies, la autoridad. Dios dijo que la descendencia de la mujer (Jesús) pondría fin a la autoridad de Satanás y éste la heriría en el calcañar (afligiría el cuerpo de Jesús en la cruz y a todo el género humano).

Jesús murió en la cruz por nosotros y cuando lo hizo retomó la Autoridad que Adán había entregado a Satanás y la devolvió a cada creyente: hombre o mujer que creen que Jesús murió por él y además, que Satanás perdió la autoridad que tenía sobre él.

Usted y yo necesitamos comprender no solamente que Jesús murió por nosotros, sino también que él nos redimió.

Suponga que un rey tiene un hijo, el príncipe del reino, que se sienta a su lado y gobierna con él. Suponga que este hijo es secuestrado por un villano. El rey tendría sin duda un plan para rescatar a su hijo y traerlo de regreso a su lado. Cuando lo logra, no solo lo trae a casa sino que lo restaura en su debido lugar, al lado suyo, junto al trono.

Eso es lo que Dios hizo por nosotros en Cristo Jesús.

LA RESTAURACION DE ADAN

Y nos resucitó juntamente con él, y nos hizo sentar juntos (nos dio asiento con él) en la esfera celestial (por virtud de nuestra unión) con Cristo Jesús (el Mesías, el Ungido).

Efesios 2:6

Durante años he creído que Jesús murió por mis pecados y que, por lo tanto, cuando yo muera iré al cielo por cuanto creo en él. Pero nuestra redención es mucho más que eso. Hay toda una vida de victoria que Dios quiere para usted y para mi ahora. Nuestra posición "en Cristo" es estar sentados a la mano derecha del Señor Dios Omnipotente. Mas es imposible vivir victoriosamente en esta tierra sin comprender y ejercer nuestra legítima Autoridad y dominio sobre el demonio y todas sus obras. Es esta la razón por la que yo enfatizó la necesidad de comprender plenamente el significado y los alcances de la redención.

LA REDENCION DE ADAN

En él tenemos redención (liberación y salvación) mediante su Sangre, la remisión (o perdón) de nuestras ofensas (faltas y pecados) según las riquezas y generosidad de su benigno favor.

Efesios 1:7

Dios quiere restaurarnos a usted y a mí a nuestro lugar de autoridad. El ya hizo todos los arreglos. Podríamos decir que ya "cerró el trato". El precio de compra y fue totalmente pagado. Ese precio fue la preciosa Sangre de Jesús.

Somos liberados del pecado y de sus "mortales" secuelas. Cuando Dios le dijo a adán que con seguridad moriría si comía del fruto no quería decir que de inmediato cesaría su existencia. Quiso decir que la muerte entraría a la tierra. Desde ese momento el hombre ha tenido que tratar con la muerte en todas sus formas.

La preocupación, la ansiedad y el temor son formas de muerte. Las luchas, las amarguras y el resentimiento. Las dolencias y las enfermedades también lo son. Todas estas cosas son "porciones de muerte" que son el resultado y la consecuencia del pecado en la tierra.

El hombre estaba tan lleno de vida. (de la vida de Dios) que en realidad le tomó siglos a Satanás, enseñarlo a morir. En los primeros tiempos de la historia bíblica, la gente vivía varios centenares de años. Yo creo que la razón es que estaban tan llenos de la fuerza vital de Dios que la muerte tuvo que laborar un buen tiempo para terminar con ellos.

Pero Dios compró de nuevo la gloria que coronaba su creación. El nos compró con la Sangre de su Hijo: ¡la preciosa Sangre de Jesús!

¡Preciosisima Sangre! ¡Que inapreciable tesoro es ella! ¿Por qué tuvo que ser su Sangre el precio de nuestra salvación? Porque la vida está en la sangre, y la vida es el único antídoto contra la muerte.

Si una persona accidentalmente ingiere veneno, con rapidez debe encontrar el antídoto apropiado. No puede tomar cualquier cosa, debe ser el antídoto especifico que lo contrarreste o neutralice. Ocurre lo mismo con la muerte. Su único antídoto es la vida, y la vida esta en la sangre.

COMPRADOS POR LA SANGRE PRECIOSA

Porque habéis sido comprados por precio; glorificad, pues, a Dios en vuestro cuerpo y en vuestro Espíritu, los cuales son de Dios.

1 Corintios 6:20 RVR

Dígaselo usted mismo en voz alta: "Fui comprado por precio, por un gran valor y soy propiedad de Dios".

Primera de Corintios 7:23 dice: **fuimos comprados por precio (Cristo pagó un alto valor por nosotros) entonces no se sometan ustedes mismos para ser (en su propia estimación) esclavos de los hombres (sino considérense a sí mismos, esclavos de Cristo).**

El alto precio que se pagó por su redención fue la sangre de Cristo. Sino (que fueron ustedes comprados) con la preciosa Sangre de Cristo (el Mesías) como de un cordero (sacrificial) sin mancha ni defecto. 1 Pedro 1:19

La Sangre de Cristo es preciosa para el Padre y debe serlo para nosotros. Preciosa significa valiosa. Una cosa preciosa es algo que protegemos que cuidamos, algo de lo cual no queremos desprendernos. La Sangre de Jesús es preciosa, y debe ser honrada y respetada. Una de las formas en que podemos honrarla es cantar, hablar de ella, estudiarla y meditar en ella.

Tenemos un estandarte o bandera que desplegamos en nuestras reuniones. Es una insignia que honra la Sangre de Jesús. Una noche, después de una reunión, una anciana se acercó y me dijo: "Ahora sé por que es bendecido su ministerio; ustedes honran la Sangre del Señor". La verdad, alguien nos había regalado el estandarte y nosotros lo colgamos porque era hermoso, pero el comentario de esta mujer habló a mi corazón sobre la necesidad de honrar la Sangre de nuestro Salvador.

Frecuentemente le digo a nuestro director de alabanza: "Cantemos cantos que hablen del Nombre y de la Sangre" a menudo lo animo a comenzar las reuniones con ellos. Y lo hago especialmente si siento alguna opresión del enemigo porque sé que el diablo le teme a la Sangre.

12

¿POR QUE SATANÁS LE TEME A LA SANGRE?

(Dios) desarmó a los principados y a las potestades que fueron ordenados contra nosotros y los exhibió e hizo con ellos público escarmiento triunfando sobre ellos en la cruz.

Colosenses 2:15 AMP

...Agradó al Padre...por medio de él (de Cristo) reconciliar consigo todas las cosas, así las que están en la tierra como las que están en los cielos, haciendo la paz mediante la Sangre de su cruz.

Colosenses 1:20 RVR

Estos pasajes nos revelan claramente porqué Satanás le teme a la Sangre de la cruz, ¡porque ella fue la causa de su derrota!

Usemos nuestra santa imaginación y visualicemos la escena de la cruz y la apariencia de Jesús en el momento de Su muerte. En primer lugar había sido azotado treinta y nueve veces y había quedado treinta y nueve heridas en su espalda. Esas laceraciones sangraban profundamente. Luego le habían puesto una corona de espinas sobre Su cabeza. He leído que el tamaño de estas espinas era probablemente de pulgada y media de largo y eran fuertes y firmes. Cuando ubicaron la corona de espinas sobre la cabeza de Jesús, no lo hicieron suavemente sino en forma forzada y brusca causándole dolor y hemorragia. La Sangre debe haber corrido por su querido rostro, y empapado sus cabellos y su barba. Había ciertamente hemorragia en las heridas producidas por los clavos en sus manos y en sus pies. Su costado fue traspasado con una lanza y de su herida brotó agua y sangre.

Sangre. Había sangre en todo lugar donde uno dirigiera su mirada. Corría por su cuerpo y empapaba la base de la cruz, el "altar" en el cual estaba siendo ofrecido como sacrificio por los pecados de la humanidad.

LA SANGRE HACE EXPIACION

No ofreceréis incienso profano, ni holocausto, ni ofrenda, ni derramareis sobre él libación.

Y sobre sus cuernos hará Aarón expiación una vez en el año con la sangre del sacrificio por el pecado para expiación; una vez en el año hará expiación sobre él por vuestras generaciones. Será muy santo a Jehová.

Exodo 30:9-10

En el Antiguo Testamento podemos ver tipos e imágenes de la crucifixión. Cuando el Sumo Sacerdote entraba en el lugar Santísimo, el día de la expiación para ofrecer sacrificios por sus propios pecados y por los del pueblo, tenía que hacerlo con sangre.

Miremos de nuevo Levítico 17: 11 **Porque la vida (el alma animal) está en la Sangre y yo os la he dado sobre el altar para hacer expiación por vuestras almas, porque es la sangre la que hace expiación por causa de la vida (que representa).**

El acto del Sumo Sacerdote de ofrecer la sangre de animales, fue un tipo, tan solo una figura, de lo que había de venir. Año tras año los sacerdotes tenían que repetir los mismos sacrificios. Sus pecados y los del pueblo no fueron lavados por completo solo fueron cubiertos. La sangre de los animales fue derramada sobre sus pecados para hacer expiación por ellos pero este no fue un trabajo terminado. La epístola a los Hebreos nos enseña que cuando Jesús terminó su obra expiatoria, puso fin a los sacrificios continuos.

Mi esposo suele decir a nuestros hijos y a algunos de nuestros empleados: "Si haces bien tu trabajo, no tendrás que hacerlo una y otra vez".

Eso es lo que Jesús hizo por nosotros una vez y para siempre.

UNA VEZ Y PARA SIEMPRE

El entró una vez para siempre en el lugar santísimo, no por virtud de la sangre de los becerros y los machos cabríos (para hacer reconciliación entre Dios y el hombre) sino por su propia Sangre habiendo asegurado una completa (y eterna) redención (para nosotros).

Hebreos 9:12

Podríamos decir que Jesús hizo bien su trabajo. Hasta ese momento todo había sido hecho para "ayudarnos a soportar" el problema hasta la plenitud del tiempo de Dios. Cuando fue el tiempo correcto de poner en acción el plan que había anunciado en el huerto de Edén, Dios envío a su hijo para hacer el trabajo bien hecho. Jesús ofreció Su Sangre una vez y para siempre. Eso quiere decir dos cosas: Uno, que jamás tendrá que hacerlo otra vez, y dos, que lo ha hecho por todos.

Bajo el Antiguo Pacto los pecados de la gente eran cubiertos pero no se tenía liberación de la consecuencia del pecado. Porque la sangre de los toros y de los machos cabríos se utilizaba para la purificación del cuerpo del hombre, pero jamás podía alcanzar el ser interior y purificar su conciencia (Hebreos 10: 1-3).

Se requería para ello un diferente tipo de sangre que obrara con un diferente espíritu.

LA SANGRE Y EL ESPÍRITU

Porque si la sangre de los toros y de los machos cabríos, y las cenizas de la becerra rociadas a los inmundos, santifican para la purificación de la carne,

¿Cuánto más la sangre de Cristo, el cual mediante el Espíritu Eterno se ofreció a sí mismo sin mancha a Dios, limpiará nuestras conciencias de obras muertas para que sirváis al Dios vivo?

Hebreos 9:13-14 RVR

Note que Jesús ofreció Su Sangre por el Espíritu, el cual obra juntamente con ella. el Espíritu santo que había sido prometido no podía ser derramado en el día de Pentecostés sino después que la Sangre fuera derramada en la cruz del calvario. La Sangre y el Espíritu todavía operan juntos en el día de hoy. Honre la Sangre y verá derramarse el Espíritu en su vida.

Vivimos en los últimos días, en un tiempo cuando Dios ha prometido derramar Su gloria sobre Su pueblo. (Joel 2: 28-32). He notado un incremento en la enseñanza sobre la Sangre de Jesús en estos últimos tiempos. Varios libros nuevos sobre el tema se han escrito recientemente. Dios equipa hoy a Su pueblo. El está listo ha mostrar Su gloria pero tenemos que honrar la Sangre. Debemos ser conscientes que cuando Dios se mueve con poder, Satanás también lo hace en su contra y en contra nuestra con ímpetu vengativo. La Sangre es nuestra protección y Satanás le teme a la sangre.

Este libro es uno de los medios que el Señor ha escogido para equiparlo y ayudarlo a ser un vencedor en esta guerra de los últimos tiempos.

LA SANGRE DERRAMADA CUBRE EL PECADO

Al que no conoció pecado, por nosotros se hizo pecado, para que nosotros fuésemos hechos justicia de Dios en él.

2 Corintios 5:21

La cruz de Cristo, el altar sobre el cual el se ofreció a si mismo, tenía que cubrirse y fue cubierto con sangre.

En Exodo vemos el ejemplo del antiguo Testamento: Y tomarás de la sangre del becerro y pondrás en los cuernos del altar con tu dedo, y derramarás toda la sangre en la base del altar.
Y matarás el carnero y esparcirás su sangre alrededor del altar.

Exodo 29:12 y 16

En el sacrificio Hebreo por el pecado, la sangre era arrojada sobre el altar y en la base del altar. Vemos este cuadro en el sacrificio de Cristo por nuestro pecado. Sangre sobre el altar, (la cruz) fluyendo del altar (la cruz) y derramándose sobre la base del altar (la cruz).

Jesús mismo tuvo que ser cubierto con sangre. Tenía que ser de esta manera. El cargaba nuestros pecados sobre sí. Fue hecho pecado por nosotros. El pecado produce muerte y sólo la vida vence a la muerte. La vida está en la Sangre, por lo tanto, al tomar nuestros pecados sobre sí para expiarlos, su Sangre tuvo que ser derramada para que la vida absorbiera la muerte.

En Exodo 29: 20 vemos el tipo y figura en el cual el Sumo Sacerdote debía ser ungido con sangre para santificarse y poder ministrar en representación del pueblo:
Entonces, matarás el carnero y tomarás parte de su sangre y, la pondrás sobre el lóbulo de la oreja derecha de Aaron y de sus hijos, sobre el dedo pulgar de las

manos derechas y de los pies derechos de ellos y el resto de la sangre lo rociará, sobre el altar y alrededor de él.

Todas las ceremonias del antiguo Pacto apuntaban a la muerte y al derramamiento de la Sangre de Cristo, pero las personas que las realizaban no sabían que estos actos eran tipos y figuras, y aún se diría que eran profecías de cosas por venir.

Dios conocía Su propio plan, pero la Biblia lo llama...el misterio... oculto por siglos y generaciones (de los ángeles y de los hombres) pero ...ahora revelado a Su santo pueblo (los santos) (Colosenses 1:26).

SI SATANÁS HUBIESE SABIDO...

Sin embargo, cuando estamos entre cristianos maduros (espiritualmente, y maduros en entendimiento) hablamos (una más alta) sabiduría (el conocimiento del plan Divino que había sido previamente escondido); pero no es la sabiduría de este mundo o de este siglo ni de los líderes o los gobernantes de este siglo quienes se desvanecen y perecen.

Sino que estamos establecidos en la sabiduría de Dios, una vez escondida (de la comprensión humana y ahora revelada a nosotros por Dios (sabiduría) que ideó y decretó desde antes de los siglos para nuestra glorificación (para levantarnos a la gloria de Su presencia).

Ninguno de los gobernantes de este siglo o de este mundo percibió, reconoció o comprendió esta sabiduría y este misterio porque si lo hubieran hecho nunca hubieran crucificado al Señor de gloria.

1 Corintios 2:6-8

Si Satanás supiera lo que hacía cuando crucificó al Señor de Gloria, nunca lo hubiera hecho. El pensó que la crucifixión fue su más grande victoria, pero fue realmente su derrota definitiva.

Si Satanás supiera lo que hacía cuando provocó los treinta y nueve azotes que Jesús recibió en Su espalda; cuando incitó a los soldados a hacer una corona de espinas y presionarla sobre su cuero cabelludo, hasta ver correr la sangre por su rostro y por su barba; cuando traspasó sus manos sus pies y su costado; si supiera lo que hacía al provocar el derramamiento de la Sangre de Jesús que redimió al hombre, ciertamente jamás lo hubiera hecho.

Con razón Satanás odia y detesta la Sangre, y le teme. Si supiera las implicaciones, jamás habría derramado esa sangre inocente. Pero ocurrió "una vez para siempre" y este hecho no puede deshacerse.

Satanás no podía tocar a Jesús si el Padre no se lo permitía. Pero el Padre lo hizo porque él tenía un plan glorioso, un misterio escondido por siglos y por generaciones pero revelado ahora a nosotros en Cristo Jesús.

En nuestras vidas, a menudo Satanás piensa que nos hace algo tan terrible que acabará con nosotros; sin embargo, Dios tiene un plan completamente diferente. El toma lo que Satanás utiliza para dañarnos y lo hace obrar no sólo para bien nuestro, sino para el bien de los muchos a quienes ministraremos.

Cuando esté tentado a darse por vencido en tiempos de prueba, recuerde siempre lo que dice Romanos 5:17-19: **Porque si por la culpa (caída, ofensa) de un hombre reinó la muerte a través de ese uno, muchos más reinarán como reyes en vida todos aquellos que reciben la superabundante gracia (inmerecido favor) de Dios y el don gratuito de la justicia (poniéndolos en recta relación consigo mismo) a través del Hombre Jesucristo (el Mesías, el Ungido). Así que como por la culpa de un hombre (el paso en falso y el descarrío de ese hombre) vino la condenación para todos los hombres, así el acto de justicia de un Hombre trajo la justificación y la vida** para todos. Porque así como por la desobediencia de un hombre, los muchos fueron constituidos pecadores, así también por la obediencia de uno, los muchos serán constituidos justos (aceptos ante Dios y puestos en una correcta relación con él).

La muerte pasó a todos lo hombres por el pecado de Adán, pero la vida pasó o se hizo disponible para todos, a través de Jesucristo. Pero no sin derramamiento de Sangre, ¡porque la vida está en la sangre!

13

PROTEGIDOS POR LA SANGRE

Por la fe (Moisés) celebró la pascua y la aspersión de la sangre, para que el que destruía a los primogénitos no los tocase a ellos.

Hebreos 11:28 RVR

Debemos aprender cómo "usar" la Sangre en el día de hoy. Tal como aprendimos que el Nombre de Jesús nos fue dado para utilizarlo, vemos ahora que ocurre lo mismo con la Sangre y debemos aprender a utilizarla. Tener una cosa no produce ningún beneficio a menos que se sepa cómo utilizarla con propiedad.

Si yo tuviera un automóvil en mi garaje pero no supiera conducir, no me llevaría a donde necesito ir. Si tuviera una estufa en mi cocina pero no sé cómo usarla no me sería útil para preparar mis alimentos y los de mi familia. Si tuviera un sistema de alarma en la casa pero no supiera cómo usarlo, no me proporcionaría mucha protección contra los ladrones.

Los creyentes tienen la Sangre de Jesús pero solo unos pocos comprenden su valor. Pocos saben cómo usarla en su vida cotidiana para obtener provisión, para protegerse a sí mismos y proteger lo que les pertenece. Para comprender plenamente el rol y la función de la Sangre en nuestra vida diaria, demos una mirada al antiguo Testamento.

LA SANGRE COMO UN SIGNO DE PROTECCIÓN

Y tomarás de la sangre y la pondrán en los dos postes, y en el dintel de las casas (encima de las puertas) en que lo han de comer (el Cordero Pascual)..

Y la sangre será por señal sobre (las puertas de) las casas donde estéis, y veré la sangre y pasaré de vosotros y no habrá en vosotros mortandad cuando yo hiera la tierra de Egipto.

Éxodo 12:7 y 13

Dios escuchó el clamor de su pueblo esclavizado en Egipto y les envió un libertador cuyo nombre era Moisés. El Señor trató con Faraón para que le permitiera la salida, pero Faraón se puso terco. Entonces el Señor envío varias plagas para convencerlo.

Luego le reveló a Moisés que el ángel de la muerte visitaría a Egipto y que todos los primogénitos morirían. Pero le dio instrucciones sobre cómo proteger a Su pueblo. Debían matar un cordero, tomar la sangre y aplicarla a los postes y al dintel (el espacio encima de la puerta) de sus casas. Dios prometió que si lo hacían, cuando pasara por la tierra y viera la sangre aplicada seguiría de largo sin dañarlos.

Dios ordenó a los Israelitas usar la sangre de un cordero como prueba o señal de que no serían tocados. Note que el Señor les dijo: "Veré la sangre y pasaré de vosotros". Para su protección, el Señor debía ver la sangre, y no podía verla si ellos no la aplicaban a los lados y encima del marco de la puerta.

Ellos pusieron físicamente la sangre sobre sus casas, pero vemos una vez más que el Nuevo Pacto es mejor que el antiguo. ¿Cómo "aplicamos" la sangre en nuestras vidas y en nuestros hogares?. Lo hacemos mediante la fe. Sencillamente decimos en fe "aplico la Sangre de Jesús en mi vida y en mi hogar".

Cuando yo aplico la Sangre, por lo general oro de esta manera: Padre, vengo a ti en el Nombre de Jesús y aplicó la Sangre de Jesús sobre mi vida y sobre todo lo que es mío, sobre todo lo cual tú me has hecho mayordomo. La aplico sobre mi mente, mi cuerpo, mis emociones y mi voluntad. Creo que soy protegido por ella. La aplicó también sobre mis hijos, sobre mis empleados y sobre todos aquellos que son socios o colaboradores del ministerio Vida en la Palabra."

Mi esposo y yo nos alojamos en varios hoteles cuando viajamos en función de nuestro ministerio. Con bastante frecuencia cuando desempaco y me instalo en un cuarto de hotel, "clamo" por la Sangre o "aplico" la Sangre en el cuarto para limpiar o remover cualquier mal Espíritu que provenga de otros huéspedes. Lo hago mediante la oración y la invocación en mi oración.

Una mañana, no hace mucho tiempo, Dave y yo hicimos un cheque para dar nuestros diezmos a la obra del Señor. Pusimos entonces nuestras manos sobre el cheque y oramos. Luego tomamos todas nuestras chequeras y portachequeras y mi bolso y la cartera de Dave e impusimos nuestras manos sobre todo ello. Aplicamos la Sangre y pedimos a Dios su protección para nuestro dinero. Le pedimos que lo multiplicara e impidiera que Satanás lo robara.

Yo creo que existen muchos creyentes que necesitan hacer lo mismo. Usted quizás es uno de ellos. Si es así, necesita comenzar a vivir "bajo la protección de la Sangre". Aplicarla sobre su carro, su cuerpo, sus hijos, su hogar...

Quizá batalla con emociones dañinas. Entonces aplique la Sangre sobre sus emociones. Así no será más herido por personas que parecen no saber lo que usted siente y cuánto necesita de ellas. Si su salud física está quebrantada, invoque la Sangre sobre su cuerpo. La vida está en la Sangre. Ella puede echar fuera la enfermedad.

EL CORDON DE GRANA

**Por la fe Rahab la ramera no pereció juntamente con los desobedientes, habiendo recibido a los espías en paz.
Hebreos 11:31 RVR.**

Rahab la ramera utilizó un cordón de grana, rojo, o escarlata, como una señal de la sangre y se salvó cuando Jericó fue destruida. Ella escondió a los espías que Josué había enviado a reconocer la tierra. Los protegió del rey que los habría matado y antes que partieran les pidió que la protegieran tal como ella hizo con ellos.

En respuesta a su petición los espías le dijeron: **He aquí, cuando entremos a la tierra atarás este cordón de grana a la ventana por la cual nos has hecho bajar, y reunirás en tu casa a tu padre, tu madre y tus hermanos, y a toda la familia de tu padre. Y cualquiera que saliere de las puertas de tu casa, su sangre será sobre su cabeza, y nosotros seremos sin culpa, pero si alguien tocare a alguno que está contigo en la casa, su sangre será sobre nuestra cabeza. Josué 2:18-19**

¡Qué extraordinario ejemplo de lo que podemos tener hoy!

Los espías le dijeron a esta mujer: "Permanece bajo el cordón de grana y estarás segura. No sólo tú, todos los miembros de tu familia que están contigo en tu casa. Pero si alguno se sale de la protección del cordón de grana será destruido".

Estos hombres fueron instruidos sobre la pascua. Sabían que sus antepasados fueron protegidos por la sangre del cordero aplicada en los marcos de las puertas de sus casas en Egipto. Ahora, esta mujer que los había ayudado buscaba su protección y ellos le dijeron en efecto: "Ponte bajo el cordón de grana (símbolo de la sangre) y quédate ahí".

El Cordón de grana representa la Sangre de Jesús la cual fluye a través de toda la Biblia. Use ese cordón de grana como una señal sobre usted y su familia. Cuando Dios lo vea le dará su protección.

El diablo quiere que se olvide de la sangre y no le preste atención. Que no estudie, ni cante, ni hable de ella. No le permita que logre su deseo.

He notado en mi propia vida, que de vez en cuando el Espíritu Santo me guía a leer libros sobre la Sangre o sobre el Nombre de Jesús. Yo tengo conocimiento de estas verdades bíblicas pero él quiere que ese conocimiento permanezca siempre fresco. Quiere motivar mi fe en esos tópicos. Cuando somos estimulados en relación con algo, nos tornamos más fervientes al respecto. Volvemos a ser celosos en áreas en las cuales nos habíamos enfriado.

IMPLORAR LA SANGRE

Justo eres tú, oh Jehová, para que yo dispute contigo; sin embargo, alegaré mi causa ante ti. ¿Por qué es prosperado el camino de los impíos, y tienen bien todos los que se portan deslealmente?

Jeremías 12:1 RVR

Quisiera decir algo en relación a la frase "invocar la sangre" porque algunas personas piensan que es erróneo enseñar a la gente a invocar la Sangre de Jesús.

Una mujer me abordó una noche después de una reunión en la cual me oyó utilizar esta frase. Me dijo que esto es erróneo, que no somos mendigos sino hijos de

Dios y por lo tanto debemos "colocar" o "aplicar" la Sangre, no "implorarla".

Si la Palabra "implorar" fuera solamente un termino de mendigos, ella tendría razón porque somos hijos de Dios y ciertamente no somos mendigos. Pero "implorar" ó "invocar[1]" usada en este sentido es un término legal y no tiene nada que ver con mendigar.

Usted y yc tenemos un derecho legal de utilizar la Sangre de Jesús tanto como Su Nombre. Nos fue dada y tenemos el derecho de utilizarla.

Primero démosle una mirada a la definición de la Palabra "implorar en el Webster's II New Riverside University Dictionary

Esta es una parte de su definición: "Llamar la atención encarecidamente... Presentar un caso o causa específica ante una corte o tribunal... Dirigirse a una corte o tribunal como apoderado o abogado...Mantener, impulsar una defensa, vindicación o excusa...Presentar como respuesta a un cargo, acusación o declaración hecha contra uno[2].

Permítame decirle que Satanás quiere ciertamente acusarnos. De hecho él es llamado el acusador de nuestros hermanos (Apocalipsis 12:10). Nuestra única defensa es la Sangre de Jesús. No podemos ofrecer nuestra propia justicia o perfecto récord de buen comportamiento, pero podemos ofrecer la Sangre del Señor. ¡En verdad no osamos ofrecer cosa distinta a su Sangre!.

Cuando usted intenta orar, el diablo trata de acusarlo y le recuerda sus errores o pecados pasados. No hay caso de argüir con él o tratar de defenderse por su cuenta. A veces yo simplemente le digo: "Gracias diablo por recordarme mis pecados, así puedo recordar también cuán preciosa es la Sangre de Jesús que ya me ha limpiado de todos ellos" o si me trae a la memoria un pecado del cual no me he arrepentido, pues lo confieso y otra vez sale perdedor.

El diablo es legalista a ultranza, por lo que es importante que usted y yo hagamos uso de nuestros derechos legales al tratar con él. Tenemos la Sangre de Jesús por derecho legal, y cuando la invocamos ejercemos ese derecho y no mendigamos como la mayoría de la gente entiende el término fuera del contexto legal.

Un estudio de las palabras Griegas traducidas como "mendigar", "mendigo" o "pobre, miserable" en el Vine Expository Dictionary of Old and New Testament Words (diccionario expositivo de las palabras del Antiguo y del Nuevo Testamento de Vine) revela que el verbo significa: "Pedir o solicitar encarecidamente, intensamente...importunar, continuar pidiendo[3] una traducción más moderada lo transcribe sencillamente como "pedir". Cuando yo oro, no considero que estoy mendigando, sino presentando mi caso –por decirlo en una forma legal o jurídica– ante Dios, le digo que espero su intervención y su ayuda. Jeremías lo considero así al presentar su caso ante Dios en oración, tal como lo leemos en Jeremías 12:1

Cuando oro y utilizo el Nombre de Jesús, o invoco su Sangre, sólo ejerzo mis derechos legales. Expongo mi caso, argumento que Jesús derramó su Sangre y murió por mí; por lo tanto, Satanás no tiene derecho de gobernarme, acusarme, condenarme, o hacer cualquier otra cosa en mi contra o en contra de mis pertenencias.

La terminología que decida usar queda a su criterio, pero el punto importante y crucial es: "utilice" la Sangre, menciónela en oración, aplíquela, aprópiesela o invóquela, ¡pero por su bien haga algo con ella!

LA SANGRE Y LA AUTORIDAD RESTAURADA

Porque no tenemos un Sumo Sacerdote incapaz de comprender, simpatizar y compadecerse de nuestras debilidades, flaquezas y vulnerabilidad a la tentación, sino Uno que fue tentado en todo aspecto, como nosotros pero sin pecado.

Entonces acerquémonos sin temor, con confianza, *osadamente* al trono de la gracia (el trono del inmerecido favor de Dios para los pecadores) para recibir misericordia (por nuestras faltas y fracasos) y encontrar gracia y ayuda oportuna en el tiempo de necesidad (nos apropiamos de la oportuna ayuda que llega justo cuando la necesitamos).

Hebreos 4:15-16

He mencionado ya que Dios desea restaurar nuestra legítima posición de Autoridad Nacimos destinados para el trono y no para el gran cenicero de la vida. Esta forma de pensar no pretende provocar en nosotros una actitud arrogante y orgullosa, por el contrario debe hacernos más humildes cuando consideramos lo que Dios ha hecho por nosotros a través de Jesucristo y cuan poco lo merecemos, este pensamiento debe provocar en nosotros humildad, la cual es condición necesaria para que Dios nos confiera poder.

El poder de Dios y el orgullo no se mezclan bien. No tenga temor de aprender más sobre su autoridad como creyente. Mientras más aprenda quien es usted realmente en Cristo Jesús, más humilde será.

Hebreos 4:15-16 son versículos maravillosos en el verso 16, yo puse en cursivas la Palabra "*osadamente*" para llamar la atención sobre ella. ¿Porque podemos usted y yo presentarnos "osadamente" delante de Dios? Unicamente por la Sangre!

Considere Hebreos 12:24 el cual nos dice que hemos venido a Jesús, el mediador, (el agente de enlace) de un nuevo pacto, y de la sangre rociada la cual habla (de misericordia) un mejor, más noble, y más benigno mensaje que la sangre de Abel (la cual clamaba por venganza)

En Génesis 4:10 quien nos cuenta como Caín mató a Abel, vemos estas palabras: Y el Señor dijo: **¿Qué has hecho? La voz de la sangre de tu hermano clama a mí desde la tierra. Vemos que la sangre de Abel tenía voz que clamaba por venganza y justicia. La sangre de Jesús también tiene una voz que al lado del propiciatorio, del trono de la gracia, clama en este momento "¡MISE-RICORDIA!" "¡PIEDAD!" para todos los que creen en él.**

Si usted no comprende la misericordia de Dios nunca podrá caminar en victoria real. La misericordia no se puede ganar. Su misma esencia o naturaleza implica la generosidad y el perdón para alguien que no lo merece, o decidir no penalizar a alguien que merece castigo. Cuando el sumo sacerdote del Antiguo Testamento entraba al Lugar Santísimo en el Día de la Expiación para hacer expiación por sus propios pecados y por los del pueblo, entraba con sangre. Y parte de esa sangre era rociada sobre y alrededor del propiciatorio. (Levítico 16:14 y 15) Dios perdonó a toda aquella gente por su misericordia, no porque lo merecieran, y así es en el día de hoy. Recibimos misericordia solamente por la Sangre del Señor.

La Sangre de Jesús tiene voz y está en el propiciatorio celestial clamando por misericordia para los hijos de Dios.

Aunque hoy me deleito en enseñar sobre la misericordia, me tomó largo tiempo llegar a comprenderla. El problema era que trataba de entenderla con la cabeza, de asimilar su belleza y de ganarla con mi esfuerzo. Fue para mí un gran día de liberación cuando finalmente entendí que es un don de la gracia y del amor de Dios, que no tiene nada que ver con mis merecimientos y que sólo tengo que aprender a recibirla. Tratar de ganar un regalo que es gratuito es un ejercicio frustrante.

Podemos llegar "confiadamente" al trono y recibir misericordia por nuestras faltas. Podemos caminar en la Autoridad con que Jesús nos ha revestido. Podemos ejercer Autoridad sobre Satanás y sus huestes demoníacas, por Jesús y su sangre, no por algo que podríamos hacer para ganar ese privilegio. Podemos decir con seguridad:

¡Hay poder en la sangre de Jesús!

La comprensión del poder de la sangre nos libera de la presión de cumplir, ganar, merecer o hacer cualquiera otra cosa que no sea creer y obedecer. Yo pasé años tratando de obedecer para probarle a Dios que tenía fe y que lo amaba.. Pero no tuve éxito. Necesitaba entrar en una relación con él mediante una fe sencilla e infantil, y luego, como resultado de creer, sería capacitada y fortalecida por el Espíritu Santo para obedecer. El me da la habilidad para hacerlo. No puedo obtenerla de ninguna otra fuente.

Comience a aplicar la sangre a sus fracasos, a lo que lo esclaviza, a todas aquellas cosas que aparentemente no puede conquistar. No utilice su energía en tratar de vencer. Úsela en la adoración, la alabanza, la acción de gracias y la comunión. Jesús es el héroe conquistador. No usted o yo.

14

EL PACTO DE SANGRE

Y Dios dijo a Abraham: En cuanto a ti, guardarás mi pacto, tú y tu descendencia después de ti a través de sus generaciones.

Este es mi pacto que guardaréis entre mí y vosotros y tu descendencia después de ti: Cada varón entre vosotros será circuncidado.

Y circuncidarás la carne de vuestro prepucio y será un signo o señal del pacto (de la promesa o el compromiso) entre mí y vosotros.

Todo varón entre vosotros de ocho días será circuncidado por todas tus generaciones, tanto el nacido en tu casa como el comprado por dinero a cualquier extranjero que no fuere de tu descendencia.

Génesis 17:9-12

Yo no puedo escribir un libro sobre la sangre de Jesús sin incluir un capítulo sobre los pactos de sangre. El pacto de sangre es uno de los ritos más antiguos y de mayor poder conocidos por el hombre. Este tipo de pacto fue originalmente una idea de Dios. Lo vemos en el comienzo mismo de la Biblia cuando entró en relación con Abraham, y lo hizo mediante un pacto de sangre. Los diferente tipos de pueblos utilizaron los pactos de sangre como instrumentos de acuerdo entre ellos. Son utilizados en el mundo del ocultismo porque quienes están involucrados en él conocen su fuerza aunque los utilizan de una manera perversa.

El matrimonio se conoce como un pacto y en cierto sentido podemos decir que es un pacto de sangre. Si la mujer es virgen cuando se casa, lo cual fue el plan original de Dios, tiene un himen sin perforar que se rompe y sangra la primera vez que tiene relación sexual con su esposo. En otras palabras, el pacto entre la pareja entra en vigencia y se sella con derramamiento de sangre.

Cuando Dios hizo pacto con Abraham le dijo que se circuncidara él mismo, a los varones mayores y a los niños de más de ocho días de edad. La sangre fue derramada en lo que podríamos llamar la fuente de la vida. El lugar del cual procedería la semilla para futuras generaciones.

La sangre es un ente poderoso, y lo es porque la vida está en ella. Cuando algo se cubre con sangre, según el punto de vista de Dios, se cubre con vida y por lo tanto se hace limpio.

La Biblia se divide en dos partes llamadas Antiguo y Nuevo Testamento o Antiguo y Nuevo Pacto. Hemos visto el papel de la sangre en el Antiguo Pacto y ahora veremos el papel de la sangre de Cristo en el Nuevo Pacto. Todos nosotros que somos creyentes en Cristo, tenemos literalmente, un pacto de sangre con el Todopoderoso, pero si no tenemos una comprensión del mismo, perderemos el poder y la fuerza derivados de su significado real.

LAS BENDICIONES Y OBLIGACIONES DEL PACTO

y David dijo: ¿Ha quedado alguno de la casa de Saúl a quien yo muestre misericordia por amor de Jonatán?
2 Samuel 9:1

La actitud relajada que tiene nuestra sociedad hacia el matrimonio es indicativa de nuestra falta de comprensión y de la indiferencia hacia los pactos en general. En primer lugar, y contrario a la opinión popular, los pactos no "se hacen para violarlos". En los días del Antiguo Testamento la pena para el infractor de un pacto era muy severa. El pacto era de por vida e incluía aun a los descendientes de los pactantes.

El rey David tenía un pacto con Jonatán el hijo de Saul, y mucho tiempo después de la muerte de Jonatán, David buscaba a sus parientes para bendecirlos por amor a su amigo. (2do.de Samuel 9) Este ejemplo no solo nos muestra una importante faceta de la relación regida por pactos, sino que es también una ilustración de cómo Dios está deseoso de bendecirnos por amor a Jesús. Somos herederos de Dios y coherederos con Cristo Jesús. (Romanos 8:17 RVR) Por lo tanto, todas las cosas a las que Jesús tiene derecho, podemos reclamarlas por derecho de herencia. Diríamos que Jesús realizó todo el trabajo y nosotros cosechamos todos los beneficios.

Según el significado original del término, un pacto era un asunto muy serio al cual no se entraba con liviandad. Al hacer el acuerdo, ambas partes se obligaban a sí mismas bajo ciertas condiciones que se esperaba fueran cumplidas. Por ejemplo, todo lo que pertenecía a una de las partes, se convertía en propiedad de la otra. Al sellar el pacto, cada parte daba a la otra lo " mejor" de sí misma. Cuando Dios le pidió a Abraham que le diera a su hijo Isaac (Génesis 22) ejercía este derecho de requerir de él lo mejor.

Todas las fortalezas o puntos fuertes o positivos de una parte llegaban a ser de la otra. Las fortalezas de una persona compensaban las debilidades de la otra. ¡Qué maravilloso pensar en este concepto en términos de nuestra relación con Dios! El ciertamente tiene muchas cosas que usted y yo necesitamos, y en una relación de pacto, él no puede, él no rehusará compartirlas con nosotros. El nos da su fortaleza para superar nuestras debilidades. Por cuanto estamos en una relación de pacto, podemos confiar y apoyarnos en él.

En un pacto, aunque legalmente la propiedad de uno pertenecía al otro, cada parte podía asegurarse de no estar en desventaja o que se aprovecharan de sí, porque una relación de pacto no permitía la injusticia. No existía, ni existe, un pacto más fuerte que "el pacto de sangre".

PACTO DE SANGRE COMPARTIDA

Así que hermanos, siendo que tenemos plena libertad y confianza para entrar en el Lugar Santísimo por el poder y la virtud de la sangre de Jesús por este camino fresco (nuevo) y vivo que él inició, dedicó y abrió para nosotros de la cortina de separación, (el velo del Lugar Santísimo) esto es a través de su sangre...

Acerquémonos, pues, con corazones verdaderos (honestos y sinceros) con ilimitada seguridad y absoluta convicción...

Mantengamos firmes y sin fluctuar la esperanza que abrigamos y confesamos y nuestro conocimiento de ella, porque quien prometió es confiable, seguro y fiel a su Palabra.

Hebreos 10:19,20,22 y 23

Una vez oí un relato de Henry Stanley, el hombre enviado por su gobierno para encontrar a David Livingstone quien había ido al Africa como explorador y misionero y no había regresado. Cuando Stanley viajaba por el Continente Negro, se enfrentó repetidas veces con tribus que no tenían la intención de franquearle a él y a su equipo un paso seguro. Muchos de sus acompañantes murieron. Su guía e intérprete le compartió que en su opinión, Stanley necesitaba hacer un "pacto de sangre compartida" con estas tribus, asegurándole que si lo hacía, dejarían de ser sus enemigos para convertirse en sus aliados. Aunque el solo pensarlo le causaba repulsión, no tenía otra alternativa si quería seguir con vida.

El "pacto de sangre compartida" consiste en un ritual o ceremonia en el cual ambas partes hacen incisiones o heridas en alguna parte de sus cuerpos, e intercambian sangre, ya mezclada en un vaso de vino y beben luego, o cortan la muñeca de la mano y la frotan con la del otro miembro del pacto. La sangre mezclada o compartida los conviterte entonces en "parientes o hermanos de sangre". Cuando Stanley se convirtió en hermano de sangre de estas tribus aseguró su protección.

En una ocasión el jefe de una tribu poderosa le pidió a Stanley el mejor regalo que pudiera dar. Algo de lo que le fuera difícil desprenderse.

El Inglés tenía problemas estomacales severos y a consecuencia de ellos ingería solamente leche de cabra. Podía comer muy poco, por lo tanto su principal alimento era la leche caprina. Poseía una que era su más preciada posesión, pero el jefe de la tribu le hizo saber que la quería. Desde luego Stanley dudó, pero sabía que su vida dependía de atender el requerimiento del jefe. Fue una decisión difícil, pero su respuesta mostró su sinceridad. A menudo Dios nos pide lo mejor y la respuesta muestra nuestra sinceridad. El jefe no necesitaba la cabra pero probaba el grado de compromiso de Stanley.

Cuando Stanley le dio la cabra, el jefe de la tribu le obsequió su lanza. Stanley sintió que había llevado la peor parte en el trato. No podía imaginar que hacer con la vieja lanza. Sin embargo, al continuar su viaje y llevarla consigo, comenzaron a ocurrir cosas extrañas. En donde quiera que iba, los nativos se inclinaban ante él con reverencia. Reconocían la lanza como una pertenencia del jefe tribal más poderoso de Africa. Se dio cuenta que por poseer esta lanza, los nativos le darían gustosos cualquier cosa que quisiera. Les pidió una cabra para reemplazar la que había regalado, y le trajeron no una sino todo un rebaño de cabras lecheras.

Así exactamente ocurre con el Señor. Nos pide lo mejor, lo más querido por nosotros, algo que nos es difícil entregar. Pero si le damos lo mejor de nosotros, él nos da lo mejor de sí mismo. A veces nos dolemos de lo que nos pide, pero la paciencia nos prueba que lo que Dios nos da en cambio es mucho más grande y valioso que cualquiera cosa que pueda pedirnos.

Cuando estos pueblos hacían un pacto, no siempre derramaban su propia sangre. En ocasiones las dos partes o tribus escogían un substituto, uno por cada parte para que los representara. Estos vertían su sangre y sellaban el pacto en nombre de quienes representaban. Usted y yo tenemos un pacto de sangre con Dios y Jesús es nuestro substituto. El derramó su sangre y actuó como nuestro Representante.

Por lo que Jesús hizo por nosotros podemos acercarnos con confianza ante Dios. Hebreos 10:19-23 nos enseña que nuestro pacto de sangre nos da confianza y libertad para hacerlo. El Nuevo Pacto bajo el cual vivimos es supremamente superior al antiguo. Hebreos 10:20 lo llama un camino fresco, nuevo y vivo a través de su carne, esto es, de su cuerpo y su sangre.

LA SANTA COMUNION

Mientras comían, Jesús tomó pan y alabando a Dios dio gracias, pidió su bendición, lo partió y lo dio a sus discípulos diciendo: Comed, esto es mi cuerpo.

Y tomó también la copa y habiendo dado gracias les dio diciendo: Bebed de ella todos.

Porque esta es mi sangre del Nuevo Pacto la cual (ratifica el acuerdo y) es derramada por muchos para perdón de pecados.

Mateo 26:26-28

La plena comprensión del pacto de sangre nos ayuda a comprender la Santa Comunión. Como muchas otras personas yo recibí y participé de los servicios de comunión durante años sin comprender verdaderamente lo que hacía. Sabía que el pan y el jugo representan el cuerpo y la sangre del Señor Jesús. Conocía su mandamiento de comer y beber en su memoria. (Lucas 22:19 RVR) Pero existe un significado mucho más profundo y glorioso que emerge al estudiar el tema de la sangre.

A este evento es al que comúnmente llamamos "La Ultima Cena" Jesús quiso tener una última comida con sus discípulos y recibir fuerza de su comunión y compañerismo con ellos antes de enfrentar el Getsemaní, a Pilatos, al Calvario y toda la agonía que lo esperaba. Durante esta última comida habló en forma profética. Utilizó el pan y el vino. Les dio mandamiento de participar de su cuerpo quebrantado y de su sangre derramada, que comieran del pan y bebieran del vino. En Mateo 26:28 él dejó en claro que su sangre sellaría, ratificaría o daría valor al Nuevo Pacto que ellos tendrían con el Todopoderoso.

En 1 Corintios 11:23-34, Pablo da instrucciones sobre cómo recibir el pan y el fruto de la vid. En primer lugar corrige a los Corintios por venir más interesados en comer que en discernir la verdad que la Santa Comunión debía transmitir. Les dice que se aseguren de participar con la actitud correcta, les recuerda que cada vez que comían del pan o bebían de la copa, hacían afectuosa recordación del establecimiento y ratificación del Nuevo Pacto mediante la sangre de Jesucristo y de su cuerpo molido por sus pecados.

Cuando se reunían para comer, llegaban demasiado hambrientos e impacientes para esperar a otros, o para pensar en la muerte y en la sangre de Jesús. (versículos 20-22 y 33 y 34) Pablo les dice que ellos deben examinarse a sí mismos (v28) y yo creo que él decía que todos nosotros debemos examinar nuestra actitud para asegurarnos que es la correcta y solo entonces participar del pan y de la copa. **Porque cualquiera que come y bebe sin discernir y reconocer con el debido aprecio el cuerpo y la sangre del Señor, juicio come y bebe para sí.** (versículo 29)

No era el propósito que la Santa Comunión se convirtiera en un ritual vacío, con poco o ningún significado para quienes participaran de ella. Primero participamos del pan. Jesús es el Pan de Vida, la Palabra hecha carne. (Juan 6:35 y 1:14) Al participar del pan tomamos al Señor dentro de nosotros y recordamos lo que él hizo a nuestro favor. Luego tomamos la copa que es el equivalente al "derramamiento y esparcimiento" de la sangre en el sacrificio de su cuerpo. Es importante que participemos de ambos, del pan y de la copa. Cualquier religión que intente desechar la sangre, desecha el poder del Evangelio.

Con frecuencia recibo la comunión en mi hogar durante mi tiempo de comunión con el Señor. Esto significa mucho para mí. Muchas personas no se dan cuenta que ellas pueden tomar la comunión por sí mismas. Piensan que alguien tiene que dársela. Yo solía pensar que una "autoridad espiritual" tenía que servírmela, pero ahora me doy cuenta que es algo de lo que puedo participar con mis hermanos y hermanas en Cristo, y que puedo incorporar en mi propia adoración privada. Esta es otra forma mediante la cual podemos honrar la sangre de Jesús en nuestra vida diaria.

Cuando tomo la comunión me doy cuenta que Jesús me dio lo mejor de sí. Dio su vida por mí y yo quiero vivir para él.

La comunión puede y debe ser un compromiso fresco, una fresca dedicación de nuestras vidas a él, una recordación del Pacto de Sangre que tenemos con Dios, por razón de que Jesús tomó nuestro lugar. El llevó nuestros pecados sobre sí. (Romanos 3:24 El los ha alejado tan distante como está el oriente del occidente y ya no los recuerda más. (Salmo 103:12) El nos ama y nos da su misericordia, su gracia y su favor. (2 Corintios 9:14) Estamos sentados con él en lugares celestiales a la diestra de Dios. (Efesios 2:6)

¡Oh, cuán preciosa es la sangre y cuán poderosa!

15

HECHOS INTERESANTES SOBRE LA SANGRE

Te alabaré porque formidables, maravillosas son tus obras; estoy maravillado y mi alma lo sabe muy bien.

Salmo 139:14 (RVR)

Me gustaría compartirle alguna información sobre la sangre que corre por nuestro cuerpo físico. Cosas que he aprendido a través de los años procedentes de varias fuentes. Creo que se asombrará y será bendecido al saber cómo Dios nos formó como dice su palabra "estará maravillado".

También voy a tratar de mostrarle la correlación espiritual de algunos de estos hechos. Así como hemos visto que muchas practicas del Antiguo Pacto eran tipos y figuras de cosas mejores que vendrían mediante el Nuevo, de un estudio y observación cuidadosa podemos aprender que a veces las cosas del mundo natural representan del mundo espiritual.

Permítame decir desde un comienzo que no soy una profesional de la medicina. Quizá no tenga todos los detalles en mi análisis científico, pero creo que usted captará los puntos al leerlo. Por favor tome con paciencia cualquier error menor en mi presentación de los hechos fisiológicos aplicados a verdades espirituales.

En el cuerpo humano adulto hay alrededor de cinco litros de sangre la cual es bombeada constantemente por el corazón. Cada veintitrés segundos hace un recorrido completo por todo el sistema. Cada célula en el cuerpo es nutrida y limpiada por el flujo de la sangre.

La vida es movimiento. Para mantener el cuerpo con vida, la sangre debe fluir permanentemente. En el momento en que el corazón cesa de bombear sangre, ocurre la muerte, por que a menos que la corriente sanguínea llegue a todas las células, éstas mueren y con ellas todo el cuerpo. Así que la vida está en la sangre y ella debe llegar a las células para mantener la fuerza vital que fluye en una persona. ¡Qué grandioso! Sin un constante reaprovisionamiento de sangre, las células al instante comienzan a morir. Cuando la circulación se interrumpe la vida acaba. Si se corta la circulación a algún miembro, decimos que se "duerme". En realidad comienza a morir. Si la circulación sanguínea fuera cortada completamente por un largo periodo de tiempo, toda acción y función cesarían y eventualmente ocurriría la muerte.

¿En qué consiste la sangre? Es la parte líquida se le conoce como plasma y es transparente. En el plasma se encuentran diferentes corpúsculos, unos de los cuales son las plaquetas (células delgadas y transparentes, cuya función todavía no se comprende con claridad). Luego están los llamados glóbulos rojos y glóbulos blancos. La función de los glóbulos rojos es transportar el combustible y calentar el cuerpo. Son los que le dan a la sangre su color rojo y son también sus agentes limpiadores.

La sangre lleva oxigeno que es como se transporta la vida a las células del cuerpo. Cada veintitrés segundos el corazón bombea una cantidad suficiente para llegara a cada célula y nutrirla.

Cuando nos alimentamos, es nuestra sangre la que transporta los elementos nutrientes a todas nuestras células. Al llevar el alimento también recoge todo el material de desecho que envenena el sistema que lo lleva a los riñones y al colon para ser evacuado. Luego vuelve al corazón, toma una nueva provisión de nutrientes, los transporta a las células, recoge los "desechos" y los descarga ... un ciclo continuo que se cumple cada veintitrés segundos.

Es lo que ocurre en nuestro cuerpo en todo momento. ¡Nuestro interior es un lugar un poco ocupado!

Es fácil ver por este ejemplo la razón de la frase o dicho "Usted es lo que usted come". No es que podamos comer chatarra sin que nos dañe. La sangre y otros órganos tienen que trabajar el doble para evitar que nos maten algunas de las sustancias que ingerimos. Si le damos a nuestro cuerpo demasiados alimentos dañinos, los órganos se gastan al tratar de mantener la marcha.

El Departamento de Salud clausuraría rápidamente las operaciones de cualquier establecimiento que permitiera que el mismo vehículo que transporta alimentos, recoja también la basura. Pero en el interior de cada uno de nosotros, Dios ha ubicado un maravilloso sistema circulatorio: ¡Una combinación de servicio en línea y desecho de basuras!

Esto es lo que hacen lo glóbulos rojos en nuestro cuerpo. Nos mantiene aprovisionados y limpios. Nuestra sangre no sólo nos alimenta, también limpia nuestro sistema físicamente.

Ahora, con este conocimiento en mente, démosle una mirada a lo que la Biblia tiene que decir sobre el poder de la sangre de Jesús para limpiarnos del pecado que nos envenena el espíritu.

LA ACCION LIMPIADORA DE LA SANGRE

Si (con libertad) admitimos que hemos pecado y así lo confesamos, él es fiel y justo (fiel a su propia naturaleza y a sus promesas) y nos perdonará nuestros pecados (pasará por alto nuestra desobediencia) y (continuamente) nos limpiará de toda injusticia (todo lo que no está en conformidad con su voluntad, en propósito, pensamiento y acción).

1 Juan 1:9

Note que en esta escritura se nos dice que si confesamos nuestros pecados a Dios, él "continuamente" nos limpiará. Yo creo que esta es la correlación espiritual con la forma en que la sangre limpia continuamente nuestro cuerpo.

Nuestra sangre labora para nosotros todo el tiempo, para limpiarnos de toda sustancia tóxica, y la sangre de Jesús hace lo mismo, todo el tiempo y en forma continua, nos limpia de pecado en todas sus formas y manifestaciones. (véase 1a de Juan 1:7). ¡Hay poder en la sangre derramada de Jesucristo! Usted y yo somos continuamente limpiados, no de vez en cuando, no una vez al año, en el día de la expiación, como bajo el antiguo Pacto, sino continuamente.

La Biblia declara que existe sólo un requerimiento de nuestra parte: que admitamos con libertad que hemos pecado y lo confesemos.

Sea rápido en el arrepentimiento, y no trate de esconderle a Dios cosa alguna. El jamás lo rechazará. De todos modos, él lo sabe todo, pero el arrepentimiento libera o activa el poder de la Sangre para que obre a su favor. Esta es una forma en la cual puede "utilizarla" y permitirle producir efectos en su vida. Permítale al Señor que lo lave en la Sangre, y coloque su fe en ella.

Si alguna vez ha realizado labores de lavandería sabrá que para limpiar las cosas hay que restregarlas. Hoy las máquinas efectúan ese trabajo, pero hace años, mi madre fregaba la ropa en una batea. Podemos ser fregados, restregados, limpiados interiormente por la

Sangre de Jesús. El escritor del libro de los Hebreos dice que la Sangre es lo único que nos limpia de una conciencia de culpa pecaminosa. (Hebreos 9:14).

La Sangre es como un poderoso agente limpiador. Si tenemos una mancha difícil en un vestido, le colocamos algún desmanchador o removedor y la dejamos así por un momento. De la misma manera, cuando se aplica bien, la vida que hay en la Sangre remueve la muerte, (las manchas difíciles) de nuestra vida.

ABRIR Y CERRAR PUERTAS ESPIRITUALES

Cuando se enojen, no pequen; no permitan que su ira (su exasperación, su furia o ondignacion) dure hasta que se ponga el sol.

No le den al diablo lugar donde poner ni siquiera la punta de su pie (no le den oportunidad).

Efesios 4:26-27

A veces, tontamente le abro al diablo una puerta, -le doy espacio u oportunidad- en mi vida. Por ejemplo, conozco los peligros de enredarme en contiendas y la mayor parte del tiempo las evito como a una pavorosa enfermedad (Santiago 3: 16). Pero de vez en cuando soy sorprendida con la guardia baja y alguien me insita al mal humor. A veces la recuperación me toma más tiempo de lo debido.

Recuérdelo. La Biblia dice que no debemos darle al diablo una oportunidad ni permitir que el sol se ponga sobre nuestro enojo. El Señor me ha enseñado cómo cerrar la puerta una vez abierta. De hecho él me ha enseñado no solo como cerrarla, sino a sellarla por completo, y ello involucra la Sangre.

El diablo busca alguna rendija en la puerta, por decirlo así, para meter su pié y luego ganar la entrada total a la casa. En otras palabras, si le cedemos una pulgada, tratará de tomarse una milla. He descubierto que él está siempre alerta, **justamente a la espera de una ocasión oportuna y favorable.** (Lucas 4:13).

Es vital arrepentirnos cuando hemos pecado y lograrlo rápido. La Sangre obrará a nuestro favor pero debemos utilizarla de acuerdo a las instrucciones bíblicas. El mismo principio es aplicable cuando le abrimos puertas al enemigo.

Como he dicho antes yo tengo una revelación sobre los peligros de la contienda, por lo tanto soy responsable por lo que sé. ¿Sabía usted que el conocimiento conlleva responsabilidad? Si una persona carece de información e ignora ciertas cosas, a menudo Dios decide cubrir sus faltas en forma sobrenatural mientras aprende. Pero cuando tenemos conocimiento se espera que lo utilicemos. El apóstol Pablo estuvo involucrado en el asesinato de cristianos, pero más tarde afirmó que obtuvo gracia porque obró en ignorancia. (1 Timoteo 1:2). Si él hubiera recibido por años la revelación de Dios y luego repitiera esas acciones, dudo que Dios lo tolerara en la misma manera.

Cuando me doy cuenta de que me comporto en forma tonta, quiero asegurarme de que no le dejo una puerta abierta al diablo. Me arrepiento y le pido a Dios que me perdone y me limpie de esa iniquidad. Yo veo este proceso como la limpieza de una herida infectada. Si dejamos pecado encubierto en nuestra vida, la infección se extenderá y causará mayores problemas. Pero podemos ser limpiados si admitimos y confesamos nuestros pecados.

Para estar segura de cerrar cualquier puerta que abro al diablo, le pido a Dios que limpie la herida y cierro la puerta. Luego la sello bien con la Sangre de Jesús. La Sangre es tan poderosa que impide a Satanás tomar ventaja de mis debilidades. ¡Clamo a Dios por misericordia! ¡Su gracia obra sobre mi pecado y su misericordia sobre las circunstancias que yo he creado como resultado de mi pecado!

No es una la forma de vivir vidas desordenadas, de adoptar una actitud liviana hacia el pecado y evitar todas sus repercusiones, sino el derecho y el privilegio de todos nosotros quienes buscamos a Dios con seriedad pero cometemos errores en el camino.

¡Preciosa Sangre de Jesús! ¡Cuánto poder hay en ella!

CONCLUSION

Y ellos (los santos de Dios) lo han vencido (derrotado a Satanás) por la Sangre del Cordero y por la expresión (la palabra) de su testimonio, porque no amaron la vida ni se apegaron a ella cuando enfrentaron la muerte y la sufrieron por causa de su testimonio.

Apocalipsis 12:11

Entonces vi el cielo abierto y he aquí un caballo blanco (¡apareció!); quien lo montaba se llama Fiel (Confiable, Leal, Incorruptible, Seguro) y Verdadero, y juzga y pelea con rectitud (santidad, justicia y probidad).

Sus ojos flameaban como llama de fuego y en su cabeza tenía muchas coronas reales (o diademas), y tenía un título (un nombre) escrito, el cual solo él conocía o podía comprender.

Estaba vestido de una ropa teñida en Sangre y Su nombre es la Palabra de Dios.

Apocalipsis 19:11-13

En estos dos pasajes de la Escritura vemos prueba suficiente de que venceremos al enemigo por el poder de la Palabra, del Nombre y de la Sangre, que no necesitamos decir más para sustentar las verdades que han sido establecidas en este libro. Mi oración es que él lo haya bendecido y que lo bendiga y equipe para vivir "más que vencedor" (Romanos 8:37).

Si desea ponerse en contacto con la autora,
escriba a:
Joyce Meyer • Life In The Word, Inc.
P.O. Box 655 • Fenton, Missouri 63026
o llame al (314) 349-0303

Joyce Meyer es la autora de los best-sellers en Inglés Hermosura en Lugar de Cenizas, La Raíz del Rechazo y La Batalla de la Mente y ha enseñado sobre sanidad emocional y temas relacionados en reuniones a través de todos los E.U.A. Su programa radial "Vida en la Palabra" es transmitido por 200 estaciones a lo largo de la nación. Y su programa de televisión de treinta minutos "Vida en la Palabra con Joyce Meyer" es emitido en los E.U y Canadá. También dirige numerosos seminarios sobre Vida en la Palabra en el exterior como en las iglesias locales.

Ella cree que el llamado en su vida es a establecer creyentes en la Palabra de Dios. Dice: "Jesús murió para liberar a los cautivos y son muchos los cristianos que tienen poca o ninguna victoria en sus vidas cotidianas".

Joyce estaba en la misma situación hace diecinueve años. Encontró libertad y descubrió cómo vivir en victoria al aplicar la Palabra de Dios. Por ello está capacitada para liberar a los cautivos y para cambiar las Cenizas en Hermosura.